D1882113

अन्तहीन

रमेश पोखरियाल 'निशंक'

राधाकृष्ण प्रकाशन

ISBN 978-81-8361-653-9

© अन्तहीन
© रमेश पोखरियाल 'निशंक'

पहला संस्करण : 2014
चौथा संस्करण : 2021

मूल्य : ₹450

प्रकाशक
राधाकृष्ण प्रकाशन प्राइवेट लिमिटेड
जी-17, जगतपुरी, दिल्ली-110 051

शाखाएँ : अशोक राजपथ, साइंस कॉलेज के सामने, पटना-800 006
पहली मंजिल, दरबारी बिल्डिंग, महात्मा गांधी मार्ग, प्रयागराज-211 001
36-ए, शेक्सपियर सरणी, कोलकाता-700 017

वेबसाइट : www.radhakrishnaprakashan.com
ई-मेल : info@radhakrishnaprakashan.com

मुद्रक
बी.के. ऑफसेट
नवीन शाहदरा, दिल्ली-110 032

ANTAHEEN
Stories by Ramesh Pokhariyal 'Nishank'

इस पुस्तक के सर्वाधिकार सुरक्षित हैं। प्रकाशक की लिखित अनुमति के बिना इसके किसी भी अंश को, फोटोकापी एवं रिकॉर्डिंग सहित इलेक्ट्रॉनिक अथवा मशीनी, किसी भी माध्यम से, अथवा ज्ञान के संग्रहण एवं पुन:प्रयोग की प्रणाली द्वारा, किसी भी रूप में, पुनरुत्पादित अथवा संचारित-प्रसारित नहीं किया जा सकता।

अनुक्रम

अतीत की परछाइयाँ

जाड़े की रात। हाड़ कँपकँपाती सर्दी, लेकिन इस सर्दी के बावजूद अँगीठी में जलाए गर्म कोयले और उपलों की गर्मी में भागीरथी गहरी नींद सो रही थी। साथ ही उसके नथुनों के फड़कने से हल्के-हल्के खर्राटों की आवाज भी सुप्त वातावरण को गुंजायमान कर रही थी।

लेकिन रामरथ की आँखों में नींद न थी। नींद न आने का कारण न तो जाड़ा था और न ही भागीरथी के खर्राटे। इन सबकी तो उसे आदत पड़ चुकी थी। उसकी आँखों के आगे तो एक चेहरा बारम्बार घूम रहा था। अगर उसका सुरजू आज होता तो वैसा ही दीखता क्या? मन किया भागीरथी को झँझोड़कर उठा दे। मन के इस त्रास को वह अकेले क्यों झेले? लेकिन फिर बुढ़िया पर तरस आ गया। बहुत कष्ट झेले हैं उसने अपनी जवानी में। अब तो इतने बरस हो गए। उन यादों को अपने जेहन से दूर भी कर चुकी होगी वह।

लेकिन रामरथ क्या करे? आँखों में नींद नहीं थी और जाड़ा भी और दिनों की अपेक्षा ज्यादा लग रहा था और भागीरथी के खर्राटों की आवाज भी। जबकि वह भी जानता था कि नींद न आने का कारण ये तो कदापि न था।

देशी-विदेशी छात्रों का एक दल आज कुछ स्थानीय युवकों के साथ ट्रेकिंग पर आया था। रास्ते में वे लोग चाय पीने के लिए रामरथ की दुकान पर रुके। ठंड से काँपते उस दल के लिए रामरथ ने अदरक, दालचीनी डालकर स्वादिष्ट चाय तैयार कर डाली।

एक लड़का आगे आया और रामरथ के हाथ पर सौ रुपए का नोट रख विदेशी भाषा में कुछ बोल गया।

'लेकिन मैं तो पैसे ले चुका हूँ!' रामरथ हैरान था।

'रख लो ये कहता है कि आपने चाय बहुत अच्छी बनाई।' एक भारतीय युवक ने उसे बताया।

रामरथ ने अब ध्यान से उस विदेशी युवक की ओर देखा। युवक मुस्कुरा रहा था। रामनाथ ने ध्यान से देखा। उसके हाथ काँपे, नोट हाथों से छूट गया। शरीर थरथरा गया। मानो पहाड़ की सारी बर्फ उसकी नसों में समा गई हो।

'ये चेहरा इतना पहचाना सा क्यों है?' उसने मन ही मन सोचा।

'सरजू।' हाँ वही तो है, वही नाक, ठुड्डी पर बड़ा-सा तिल। कैसे भूल सकता था वह उसे।

'बाबा, कहाँ खो गए! रखो अपने पैसे। बाहर देश से आया है ये लड़का। खुश हुआ आपकी चाय पीकर।'

रामरथ जैसे नींद से जागा।

'कौन से देश से आया है ये लड़का? कहाँ तक जा रहे हो तुम लोग,' उसने प्रश्न पूछ डाले।

'बाबा, तुम जानते हो देशों के नाम?' उसने उल्टा प्रश्न कर डाला।

'हाँ बेटा,' मुस्कराया रामरथ। इस जीर्ण-शीर्ण झोंपड़ी में चाय बेचने वाले फटीचर से इस वृद्ध को देशों की क्या जानकारी होगी, यही सोच रहा होगा ये छात्र।

'बाबा इसका देश नीदरलैंड है। और वह जो सामने पहाड़ी देख रहे हैं आप वहाँ तक जाना है हमको।' उसने सामने की एक पहाड़ी की ओर इशारा कर दिया।

लड़के की शक्ल भी ऐसी और देश का नाम भी वही। रामरथ की आँखों से आँसू निकल आए।

'क्या हुआ बाबा? आपकी आँखों में आँसू क्यों?'

'कुछ नहीं। ऐसे ही किसी की याद आ गई। लेकिन तुम लोग इतनी ठंड में वहाँ क्यों जा रहे हो? अब तो बर्फ गिरने ही वाली है।' स्वाभाविक चिन्ता रामरथ के मन में आ गई।

'अरे बाबा, आप चिन्ता मत करो। वापस लौटकर फिर आपके हाथ की चाय पिएँगे।'

और वे युवक देखते-देखते रामरथ की आँखों से ओझल हो गए।

रामरथ ने एक बार फिर करवट बदली तो भागीरथी की नींद भी खुल गई।

'क्यों बेचैन हो रहे हो? नींद नहीं आ रही क्या?' उनींदी आँखों से भागीरथी ने रामरथ को घूरकर देखा। रामरथ के बार-बार इधर-उधर पलटने से उसे ठंड का भी आभास हो रहा था और उसकी नींद टूट रही थी।

'मैंने आज सरजू को देखा।' रामरथ के कंठ से निकली इस आवाज से भागीरथी की रही-सही नींद भी जाती रही।

उठकर बैठ गई भागीरथी, ध्यान से रामरथ की ओर देखने लगी। बुड्ढा सठिया तो नहीं गया है! रामरथ कहीं शून्य में निहार रहा था। आँखों की कोरों पर दो बूँद आँसू ढुलक आए थे।

'सरजू', इस नाम ने भागीरथी को एक समय न जाने कितनी खुशियाँ दी थीं और कुछ ही वर्षों बाद न जाने कितने गम!

विवाह के दस-बारह वर्ष बाद तक भी जब भागीरथी को कोई सन्तान न हुई तो वह सन्तान होने की आस ही छोड़ बैठे थे। गाँव और आसपास के वैद्यों से इलाज कराया। पूजापाठ करवाया। जिसने जो कहा वही उपाय किया लेकिन कोई फायदा न हुआ। इतना पैसा तो उनके पास था नहीं कि शहर जाकर किसी डॉक्टर से इलाज करा पाते लेकिन आसपास के गाँवों में किसी भी साधु-सन्त के आने की खबर सुनते तो भागीरथी और रामरथ वहाँ शीश झुकाने पहुँच जाते।

अब जब विवाह को पन्द्रह बरस से ऊपर हो चुका था और वह सन्तान की आस ही छोड़ बैठे थे तब चमत्कार हुआ। भागीरथी गर्भवती थी। इस उम्र में नवजीव के आगमन की सूचना ने उनमें नई जिन्दगी का संचार कर दिया था। रामरथ तो जैसे पागल हो गया था। भागीरथी को सिर-आँखों पर रखता। उसे घर का भी कोई काम न करने देता।

'तुम ठीक से रहो। भारी सामान मत उठाना। कुछ खाने का मन हो तो मुझे बता दो। मैं बना दूँगा।' असमय प्राप्त होनेवाली खुशी ने उस जैसे कूढ़ मगज को भी अनुभवी बना दिया था।

भागीरथी हँसती। रामरथ की बातें मन को अन्दर तक गुदगुदा जातीं। लेकिन वह घर के काम करे, यह उसे अच्छा न लगता। इस बात पर दोनों की नोक-झोंक चलती ही रहती।

समय बीता और भागीरथी ने एक बालक शिशु को जन्म दिया। पूरा घर खुशियों से भर उठा। घर में कोई बड़ा-बूढ़ा तो था नहीं जो उन्हें समझाता कि बच्चा कैसे पाला जाता है लेकिन भागीरथी का स्वभाव इतना मधुर था कि गाँव भर की बड़ी-बूढ़ियाँ आकर उसकी मदद कर जातीं। दोनों ने बहुत प्यार से उसका नाम रखा 'सूरज', जो बाद में प्यार में बिगड़ते-बिगड़ते 'सरजू' हो गया।

समय के साथ-साथ सरजू बढ़ता गया। अब वह तीन वर्ष का था। माँ कहीं भी जाती तो उसके पीछे लग जाता और फिर आया वह दिन जिसने एक बार फिर उनके जीवन को सूना कर दिया।

दिन भर का काम निबटाने के बाद भागीरथी धारे पर बर्तन धोने और पानी लेने गई तो सरजू भी पीछे-पीछे हो लिया। वैसे भी यह कोई नई बात न थी। सरजू अक्सर माँ से ही चिपका रहता।

लेकिन उस दिन कुछ अनोखा अनपेक्षित हो गया। रोज की तरह माँ के पीछे-पीछे घर लौट आनेवाला सरजू घर वापस नहीं पहुँचा। ढूँढ़-खोज शुरू हुई। गाँव का एक-एक घर, धारा, पंदेरा, सब छान मारा लेकिन सरजू का पता न चला।

रामरथ और भागीरथी तो बदहवास से हो गए। गाड-गधेरों में भी सरजू को ढूँढ़ा। क्या पता कहीं गिर ही गया हो। अभी छोटा ही तो था। गाँव भर में जब पता न चला तो आसपास के गाँवों में पूछा गया। ग्राम प्रधान से शिकायत की। ग्राम प्रधान भला आदमी था। रामरथ और भागीरथी की पीड़ा उससे देखी न गई। मामला शासन स्तर तक पहुँचा। खोजबीन अधिक हुई तो पता चला उसे पड़ोसी गाँव के एक लड़के के साथ देखा गया था। लड़के की छवि अच्छी न थी। पूर्व में भी छोटी-मोटी चोरी-चकारी में पकड़ा गया था। कुछ दिन जेल में काटने के बाद गाँव से शहर भाग गया। फिर वहीं रहा लेकिन पिछले माह फिर वो गाँव में दिखाई दिया था।

किसी तरह उसके माता-पिता पर जोर डालकर उसका पता ढूँढ़ा गया। लेकिन तब तक बहुत देर हो चुकी थी। वो लड़का बम्बई में पकड़ा गया लेकिन मात्र कुछ हजार में सरजू को वह आगे बेच चुका था।

इस कड़ी को आगे पकड़ फिर पूछताछ की गई लेकिन रामरथ और भागीरथी की किस्मत ने फिर जवाब दे दिया। यह एक बहुत बड़ा गिरोह था जो बच्चों को चोरी कर उन्हें विदेशी दम्पतियों को गोद दे देता था। इस एवज में वह उनसे मोटी रकम वसूल कर लेता था। सरजू भी अब तक किसी विदेशी दम्पती के हाथ बिक चुका था।

बस इतना पता चला कि नीदरलैंड के किन्हीं दम्पती ने उनके सरजू को खरीदकर गोद ले लिया था। सरजू नहीं हुआ कोई वस्तु हो गई जिसे खरीद लिया और ले गए अपने साथ।

बस इससे आगे भागीरथी और रामरथ की पहुँच नहीं थी। जितना हुआ वह भी उनकी पहुँच के बाहर था। वह तो गाँव में ही लोगों ने मदद कर दी वरना वो तो इतना भी न कर पाते।

इतने प्रयत्न के बाद भी सरजू न मिल पाया। रामरथ और भागीरथी के जीवन में एक बार फिर अन्धकार छा गया। पहले तो ये सन्तुष्टि थी कि औलाद ही नहीं है लेकिन अब औलाद होते हुए भी वह निपूते रह गए थे। बस एक सपना सा दिखा गया था सरजू उन्हें।

तब से दोनों की दुनिया ही बदल गई थी। जीवन न तो कटता था न समाप्त ही होता था। इस सन्ताप ने समय से पहले ही दोनों को बूढ़ा कर दिया था। और तब से कई वर्ष बीत गए। रामरथ और भागीरथी ने अब इसी जीवन से तालमेल बिठा लिया था। सरजू को भूल पाना तो सम्भव नहीं था लेकिन यादों पर धीरे-धीरे समय की परतें चढ़ने लगी थीं।

और आज फिर उन्हीं परतों को उधेड़कर सरजू का सच सामने खड़ा था।

'तुम सठिया तो नहीं गए! सरजू यहाँ कहाँ से आएगा अब?' भागीरथी ने रामरथ को झकझोरते हुए पूछा।

'नहीं भागी, मैं सठियाया नहीं। ये सरजू ही था। तू सोच बीस बरस का सरजू कैसा लगता अब! बिल्कुल वैसा ही था वह लड़का। और फिर देश का नाम भी तो वही बताया।' और रामरथ ने पूरी कहानी भागीरथी को सुना दी।

भागीरथी सोच में पड़ गई। क्या सचमुच वह उसका सरजू होगा! अगर होगा तो उन्हें कैसे पहचानेगा और फिर उनके पास सबूत भी क्या है कि वह उनका बेटा है?

'वो फिर आएँगे?'

'हाँ, कहा तो ऐसा ही था। कह रहे थे मेरे हाथ की चाय पीने जरूर आएँगे।' रामरथ ने कहीं खोए-खोए में जवाब दिया।

'तो कल से मैं भी बैठूँगी दुकान पर। जिस दिन सरजू आएगा उसके आगे हाथ जोड़ लूँगी और बताऊँगी उसे कि वो मेरा बेटा है।'

'पागल हो गई है तू क्या? वो तो हमारी भाषा भी नहीं जानता अब। ये बेवकूफी मत करना तू।'

थोड़ी देर दोनों में बहस होती रही। अन्ततः भागीरथी की ममता के आगे रामरथ हार गया। उसने भागीरथी को दुकान में बैठने की इजाजत दे दी लेकिन इस शर्त के साथ कि सरजू को देखने के बाद भी वो कुछ नहीं कहेगी।

और अगले ही दिन से सुबह-सुबह काम निबटाकर भागीरथी रामरथ के साथ चाय की दुकान पर जाने लगी। रामरथ भी भागीरथी की फुर्ती को देखकर आश्चर्यचकित था। सुबह-सुबह मुँह-अँधेरे उठ भागीरथी चटपट चाय-नाश्ता बना चार रोटी पोटली में भी बाँध देती। पुत्र से मिलन की आस ने इस जिन्दा लाश में भी प्राण फूँक दिए थे।

रामरथ उसकी फुर्ती देख कभी-कभी घबरा उठता। अगर छात्रों का वह दल उस रास्ते नहीं आया तो कहीं भागीरथी अब इस बुढ़ापे में पागल न हो जाए।

दुकान में बैठ भी उसकी आँखें उस ओर लगीं रहतीं जिधर से उन लोगों को आना था। बार-बार रामरथ से पूछती कि वे कब आएँगे?

रामरथ झल्ला जाता, 'मुझे क्या पता कब आएँगे? मुझे बताकर गए थे क्या?'

भागीरथी सहम जाती पर फिर दुगुने उत्साह से रास्ता निहारने लगती, लेकिन शाम होते-होते वह उदास हो जाती। अब ठंड भी अधिक पड़ने लगी थी। ऊँची चोटियों पर हिमपात भी हो चुका था। रामरथ दुकान जल्दी बन्द करना चाहता। वैसे भी शाम को ग्राहक न के बराबर होते, पर भागीरथी ऐसा करने न देती। बर्फीली हवाओं के तीर सहती भागीरथी नाक सिकोड़ती वहीं चूल्हे की ताप के सहारे बैठी रहती।

उसकी तपस्या एक दिन सफल हो ही गई। छात्रों का दल वापस लौट वहीं चाय पीने रुका। रामरथ ने दूर से ही उन्हें आते देख लिया था। दस-बारह लड़कों के झुंड में उसने सरजू को तो दूर से ही पहचान लिया था। वह चुप ही रहा। अपने सन्देह की पुष्टि वह भागीरथी से करना चाहता था। लड़के नजदीक आ गए। रामरथ ने भागीरथी को कनखियों से देखा। भागीरथी एकटक उस विदेशी छात्र को निहार रही थी।

'बाबा, चाय पिलाओ। देखो, हमने कहा था ना कि हम लौटते हुए जरूर जाएँगे।' भारतीय छात्र ने दहकती हुई अँगीठी के पास खड़े हो अपने दस्ताने उतारे और आग की तपन महसूस करने लगा।

'सरजू...' भागीरथी की फुसफुसाती आवाज आई, तो छात्र का ध्यान उसकी ओर गया।

'अम्मा क्या कह रही हो?' वह छात्र कुछ ज्यादा ही बातूनी था।

'कुछ नहीं बेटा, बूढ़ी हो गई है तो इसलिए बड़बड़ाती रहती है।' भागीरथी कुछ बोले इससे पहले रामरथ बोल पड़ा था।

लेकिन भागीरथी ने जैसे कुछ न सुना। वह तो एकटक सरजू को निहार रही थी। वही आँखें, वही चेहरा। ठुड्डी पर तिल। वही मुँह तिरछा कर मुस्कुराने की आदत। भागीरथी को लगा वह पागल हो जाएगी। उसकी आँखों से आँसू बहने लगे।

'अम्मा आपकी तबीयत खराब है क्या?' भागीरथी की स्थिति देख दूसरा छात्र बोल पड़ा।

भागीरथी जैसे नींद से जागी। 'नहीं बेटा, मैं ठीक हूँ।' सामने खड़े सरजू की ओर देखा। फिर अपनी ओर देखा। कहाँ ये सरजू और कहाँ वह लोग। तीन वर्ष तक उन्होंने भी उसे पाला और अब वे भी पाल रहे हैं। गोरा-चिट्टा, हृष्ट-पुष्ट, चेहरे पर लालिमा। क्या वह दे पाते उसे ऐसी जिन्दगी? नहीं! कभी नहीं! उनके पास होता तो हो सकता था आज इस चाय की दुकान पर वहीं बैठा होता।

'बेटा, इस लड़के से पूछो तो कहाँ से आया है? और इसके माँ-बाप करते क्या हैं?' भागीरथी ने सरजू की तरफ इशारा किया।

और फिर दोनों के बीच क्या बात हुई यह तो रामरथ और भागीरथी किसी की समझ में न आया। लेकिन जो कुछ भी उन्हें बताया गया उसने रामरथ और भागीरथी के मन में यह प्रमाणित कर ही दिया कि यह विदेशी छात्र उन्हीं का बेटा है।

उस युवक को यह तो पता था कि वह अपने माता-पिता की जैविक सन्तान नहीं है, उन्होंने उसे भारत के मुम्बई शहर से गोद लिया था, लेकिन इसके अलावा वह अपने जन्मदाता माता-पिता के बारे में कुछ न जानता था। उसके पिता नीदरलैंड के अच्छे व्यवसायी थे और यदा-कदा अपने व्यवसाय के सिलसिले में भारत आते रहते हैं। वह भी उनके साथ आता है, लेकिन इस क्षेत्र में पहली

बार आया है।

भागीरथी आगे बढ़ी। रामरथ के मन में डर समा गया। पता नहीं क्या करनेवाली है ये। उसने उसे रोकना चाहा लेकिन जुबान ने साथ न दिया।

भागीरथी सरजू के पास आकर खड़ी हो गई। कँपकँपाता हाथ उसके सिर पर रख दिया। आँखों से एक बार फिर आँसू वह निकले। आँखें धुँधलाईं तो उन्हें पोंछ लिया ताकि अपने सरजू को ढंग से देख सके। साथ आए सारे युवक हैरान थे, परेशान थे। क्यों कर रही है ये ऐसा व्यवहार, सभी के मन में यही सवाल था।

'फिर आना बेटा।' भागीरथी ने कँपकँपाते स्वर में कहा।

भागीरथी की बात सुन रामरथ ने चैन की साँस ली और भारतीय छात्र ने एक बार फिर दुभाषिए का काम किया।

'जरूर आऊँगा।' अपनी ही भाषा में कहकर युवक हाथ हिलाता हुआ, पगडंडियों पर उछलता-कूदता थोड़ी ही देर में आँखों से ओझल हो गया।

भागीरथी प्रस्तर मूर्ति बनी जहाँ खड़ी थी वहीं खड़ी रह गई।

जीवन एक बार फिर पुराने ढर्रे पर चल निकला लेकिन एक अन्तर भागीरथी के जीवन में जरूर आ गया था कि अब वह रोज पति के साथ चाय की दुकान पर बैठने लगी। आखिर उसका बेटा फिर आने को जो कह गया था।

अनजान रिश्ता

गाड़ी के हॉर्न की आवाज आई तो उसका ध्यान स्वतः ही घड़ी की ओर चला गया। साढ़े नौ बज चुके थे। वहे तैयार तो हो चुकी थी लेकिन नाश्ता नहीं किया था। जल्दी में एक टोस्ट मुँह में ठूँसा और पर्स हाथ में लेकर बाहर निकल आई।

इस शहर में आए उसे एक सप्ताह हो चुका था, लेकिन अभी तक व्यवस्थित नहीं हो पाई थी। सुरभि एक निजी कम्पनी में मेडिकल ऑफिसर के पद पर कार्यरत थी। कम्पनी का एक ऑफिस इस शहर में भी था और वह हफ्ते पहले ही स्थानान्तरित होकर यहाँ आई थी।

स्थानान्तरण पर एक बार तो मन हुआ नौकरी छोड़ दे। लेकिन सिद्धान्त के समझाने पर चली ही आई। उसका कहना भी ठीक था जब बच्चे छोटे थे और उन्हें हमारी जरूरत थी तब तो हम नौकरी छोड़ नहीं पाए। अब जब बच्चे अपने में व्यस्त हैं और घर में कुछ खास करने को नहीं तो नौकरी छोड़ने का क्या औचित्य है!

वैसे भी कम्पनी ने एक फर्निशड मकान लीज पर लेकर दिया था। कोई परेशानी नहीं। सुबह कम्पनी की गाड़ी लेने आ जाती, शाम को छोड़ जाती। सिद्धान्त स्वयं आकर सब देख गया था।

'कुछ दिन देख लो। ठीक लगे तो बता देना। मैं भी स्थानान्तरण के लिए आवेदन कर दूँगा।' जाते-जाते सिद्धान्त कह गए थे।

सिद्धान्त सरकारी नौकरी में थे। इस शहर में भी उनका तबादला हो सकता था। वैसे भी अकेले रहने की इच्छा सुरभि की भी नहीं थी।

यूँ तो शहर ज्यादा बड़ा नहीं था लेकिन महानगरीय सभ्यता धीरे-धीरे यहाँ भी हावी होने लगी थी। जिस क्षेत्र में सुरभि रह रही थी वह हिस्सा कभी शहर से अलग-थलग था। कुछ एकान्तपसन्द लोगों ने बड़े-बड़े भूखंड लेकर उनमें मकान बनाए थे। चारों तरफ हरियाली और उसके बीच ये कॉटेजनुमा मकान।

धीरे-धीरे शहर बढ़ा और शहरी विकास इस क्षेत्र की सुन्दरता को भी लील गया। जमीन की कीमतें बढ़ीं तो लोगों ने अतिरिक्त जमीन को बेच दिया जिसे प्रॉपर्टी डीलरों ने हाथो-हाथ खरीदकर उसे छोटे-छोटे प्लॉट में विभक्त कर बेच दिया। अब तो वह क्षेत्र भी कंकरीटों का जंगल-सा लगता था।

लेकिन फिर भी क्षेत्र के पुराने सौन्दर्य का बखान करती कुछ कोठियाँ अभी भी मौजूद थीं। ऐसा ही एक घर सुरभि के घर के बगल में भी था। आम, लीची के पेड़ों के उन झुरमुटों के बीच उसकी लाल-लाल खपरैल ही नजर आती, आते-जाते सुरभि की निगाह कई बार उस घर की ओर चली जाती, लेकिन कभी कोई प्राणी नजर नहीं आया उसे।

'कितने भाग्यशाली हैं ये लोग जो प्रकृति के इस सुरम्य वातावरण में रहने का लुत्फ उठा पाते हैं।' सुरभि मन ही मन सोचती।

रविवार का दिन। सुरभि फुरसत में थी। थोड़ी देर से उठी और चाय पीने बाहर छत पर आकर बैठ गई। स्वतः ही बगल वाले घर की ओर निगाह चली गई। अधेड़ उम्र की एक महिला माली को कुछ हिदायत दे रही थी। साथ ही स्वयं भी फूलों के पौधों की कतारों में से कुछ पुष्प-गुच्छ तोड़ रही थी। गुलदस्ते में सजाने के लिए तोड़ रही होगी। घर की मालकिन होगी शायद, सुरभि ने सोचा।

तभी एक अन्य व्यक्ति व्हील चेयर पर एक अति वृद्ध पुरुष को वहाँ पर ले आया। इस महिला के श्वसुर होंगे। पिता भी हो सकते हैं। सुरभि मन ही मन अनुमान लगा रही थी। कुछ देर तक सुरभि उनके क्रियाकलाप देखती रही फिर अन्दर चली गई।

रविवार बीता तो सुरभि फिर अपने काम में व्यस्त हो गई। आते-जाते फिर कभी बगल वाले घर में निगाह चली ही जाती लेकिन फिर कोई न दिखाई दिया।

रात के नौ बजे एक दिन घर की घंटी बजी तो सुरभि चौंकी। कौन आ गया इस समय? कहीं अस्पताल में कोई इमरजेंसी तो नहीं आ गई? इन्हीं आशंकाओं में डूबती-उतराती सुरभि को निर्मला ने आकर सूचना दी-'कोई मिलने आई है आपसे।'

निर्मला पास ही की बस्ती में रहती थी और सुबह से शाम तक सुरभि के घर पर रह उसका काम करती। खाना बनाकर अब जाने की तैयारी में ही थी कि घंटी बज गई। आगन्तुक कोई महिला है। लेकिन कौन हो सकती है इस वक्त? सुरभि गाउन का फीता बाँधती बाहर चली आई।

'माफ कीजिएगा। आपको इस वक्त परेशान किया। लेकिन परिस्थिति ही ऐसी आ गई थी। मेरे ससुरजी की तबीयत अचानक बिगड़ गई है और मैं अकेली हूँ इस वक्त।' परेशानी से उसके माथे पर पसीने की बूँदें छलक आई थीं।

सुरभि ने कुछ न पूछा। उन्हें बैठने को कह कपड़े बदलने अन्दर चली गई। पाँच मिनट में ही अपना बैग हाथ में उठाए सुरभि बाहर निकल चुकी थी।

'आप भी सोचेंगी जान न पहचान और रात गए आपको यूँ परेशान कर दिया। आपके पड़ोस में ही रहते हैं हम।' इस वक्त सुरभि को परेशान करने की लाचारी उसकी बातों से झलक रही थी।

'कैसी बात कर रही हैं आप? डॉक्टर का ये तो कर्तव्य होता है।' सुरभि ने उसके अपराध-बोध को दूर करने का भरसक प्रयास किया। तो ये हैं हमारी पड़ोसी और जो वृद्ध सज्जन उनके साथ

दिखाई दिए थे वह इनके श्वसुर हैं, पति कहीं बाहर होंगे शायद और बच्चे, वह भी बाहर ही होंगे।

अपने ही खयालों में डूबती-उतराती सुरभि उस घर में प्रवेश कर गई। सीधे ही उनके शयन कक्ष में पहुँची। वृद्ध तेज ज्वर से तड़प रहे थे। गीली पट्टी उनके माथे पर थी जो माथे पर रखते ही थोड़ी देर में सूख जाती। पास ही खड़ा एक व्यक्ति पट्टियाँ बदल रहा था। उन दोनों के पहुँचते ही वह एक ओर खड़ा हो गया।

'घबराने की कोई बात नहीं, वायरल है। दो-तीन दिन लगेंगे ठीक होने में।' सुरभि ने उस महिला को सान्त्वना दी और कुछ दवाइयाँ लिख दीं।

'इन्हें आप कल सुबह ही मँगा सकती हैं। अभी जो दवाई मैंने दी है उससे इनका बुखार उतर जाएगा और रात को चैन से सो पाएँगे।' बाहर निकलते हुए उसने उस महिला से कहा।

अब सुरभि का ध्यान उस घर की आन्तरिक सजावट पर गया। कलात्मक फर्नीचर, लकड़ी का सजावटी सामान, पुरानी मूर्तियाँ-पूरा घर ही उसे एंटीक लगा। मन ही मन गृहस्थियों की कलात्मक रुचि की प्रशंसा करते हुए सुरभि वापस चली आई।

अगले दिन सुरभि घर लौटी तो उसके लगभग एक डेढ़ घंटे बाद पड़ोस की गृहस्वामिनी एक बार फिर उपस्थित थी, उसका धन्यवाद प्रकट करने के लिए। साथ में अपने बगीचे के ताजे फूलों का गुलदस्ता भी साथ था।

'दरअसल ससुर जी अल्झाइमर से पीड़ित हैं। उम्र भी काफी हो चुकी है। इसलिए थोड़ी सी बीमारी में ही घबरा जाती हूँ मैं।'

'और आपके पति?'

'वह अब इस दुनिया में नहीं हैं।' कहते हुए उसने निगाहें झुका लीं।

कुछ देर शान्ति पसरी रही। सुरभि की हिम्मत न हुई कि वह उसके बच्चों के बारे में कुछ पूछे।

बातों ही बातों में पता चला कि उसका नाम सुलक्षणा है और वह यहाँ स्थानीय डिग्री कॉलेज में अंग्रेजी की प्रोफेसर है।

'बस दो साल और उसके बाद रिटायर हो जाऊँगी।'

कुछ देर बैठकर वो चली गई लेकिन अपने व्यक्तित्व की स्पष्ट छाप वह सुरभि के मनोमस्तिष्क पर छोड़ चुकी थी।

अगले रविवार को अपने घर आने का निमंत्रण देकर वह चली गई तो सुरभि ने ये मौका अपने हाथ से न जाने दिया। अनजान शहर में अपनी इस पड़ोसन से जान-पहचान बढ़ाने का कोई मौका नहीं छोड़ना चाहती थी सुरभि। इसके पीछे हरियाली के घने झुरमुटों के बीच रंग-बिरंगे फूलों से महकते उस घर को बार-बार देखने का लालच भी था।

सुलक्षणा के ससुर अब पूर्णतया स्वस्थ थे लेकिन पुरानी अल्झाइमर के कारण उन्हें सँभालना कठिन हो जाता। ऊपर से नब्बे वर्ष से अधिक की उम्र। सुरभि मन ही मन इस महिला के जीवटता की कायल हो गई।

धीरे-धीरे उसका उस घर में आना-जाना बढ़ता गया। लेकिन दोनों के बीच में एक आवरण था। एक खोल जिससे निकलने का प्रयास न सुरभि ने किया, न ही सुलक्षणा ने।

'अपनी नई सहेली को पाकर तुम्हें तो हमारी आवश्यकता ही नहीं महसूस होती अब।' सिद्धान्त ने मजाक किया तो सुरभि झेंप गई।

ठीक ही तो कहा सिद्धान्त ने। आजकल हर समय फोन पर सुलक्षणा का गुणगान ही तो करती रहती है वह। अगले महीने तक सिद्धान्त भी स्थानान्तरित होकर आ जाएँगे तो फिर व्यस्त हो जाएगी सुरभि। तब कहाँ इतना मौका मिलेगा सुलक्षणा से मिलने का।

मिलना-जुलना बढ़ा तो बहुत-सी बातें भी होने लगीं। और एक दिन सुरभि ने सुलक्षणा से उसके बच्चों के बारे में पूछ ही लिया।

प्रश्न सुनते ही सुलक्षणा के चेहरे के भाव ऐसे बदल गए जैसे खुले नीले आसमान में अचानक काले बादल घिर आए हों और वर्षा की बूँदें आँसू बनकर नयनों को भिगोने लगी हों।

सुरभि को अपने प्रश्न पर लज्जा हो आई। क्या आवश्यकता थी उसे यह सवाल पूछने की? क्यों उनके जख्मों को कुरेदा उसने? ऐसा

लगता है या तो इनके बच्चे हैं ही नहीं या फिर उनसे जुड़े कुछ और जख्म खाए हैं इन्होंने। लेकिन थोड़ी देर की शान्ति के बाद इसका जो जवाब उन्होंने दिया इसकी तो सुरभि ने कल्पना भी न की थी।

'शादी ही नहीं हुई तो बच्चे कैसे?'

सुनकर सुरभि जैसे आसमान से गिरी। शादी नहीं हुई तो ससुरजी कहाँ से आए। शायद उसने कुछ गलत सुना होगा।

'हाँ सुरभि, यही सच है। वर्षों से अपने सीने में दफन इस राज को तुमसे कहने का मन हो रहा है।' और सुलक्षणा ने अपनी कहानी सुरभि को सुना दी।

सुलक्षणा के पिता और अनुपम के पिता पुराने मित्र थे। दोनों का अपना-अपना व्यवसाय था। अनुपम के पिता ने पुरानी दोस्ती को रिश्तेदारी में बदलने की इच्छा जाहिर की तो किसी को कोई ऐतराज नहीं था। सुलक्षणा की माँ ने एक बार उसकी छोटी उम्र और पढ़ाई पूरी न होने का जिक्र किया था लेकिन पिता ने अपना ही घर कह तुरन्त ही विवाह हेतु हामी भर दी।

अनुपम, सेठ दीनानाथ का इकलौता बेटा था। तीन वर्ष का था जब एक सड़क दुर्घटना में माँ की मृत्यु हो गई और पिता गम्भीर रूप से घायल हो गए। तन के घाव तो भर गए लेकिन पत्नी की असमय मौत से मन पर पड़े घाव कभी न भर पाए। अनुपम की माँ और पिता दोनों की भूमिका निभाई दीनानाथ ने। अनुपम की छोटी उम्र को देखते हुए शुभचिन्तकों ने दीनानाथ को दूसरा विवाह करने की सलाह दी लेकिन वह नहीं माने।

अब वही अनुपम पच्चीस-छब्बीस वर्ष का सुदर्शन युवक विदेश से मैनेजमेंट की पढ़ाई पूरी कर अपने पिता के व्यवसाय को बखूबी सँभाल रहा था। उसी अनुपम का रिश्ता जब सुलक्षणा के लिए आया तो पूरा परिवार खुशी से झूम उठा।

छुटपन से अनुपम को देखती आ रही सुलक्षणा को अचानक ही अपने रिश्ते बदल जाने का अहसास हुआ। लेकिन इससे वह नाखुश नहीं थी। इतना बदलाव उन दोनों के सम्बन्धों में अवश्य आया था कि

पहले अनुपम से निःसंकोच हँसी-ठिठोली करनेवाली सुलक्षणा अब उससे बात करने में शरमाने लगी थी।

दोनों के विवाह को अब एक माह शेष था। सेठ दीनानाथ उत्साहित थे। लगभग रोज ही होनेवाली बहू सुलक्षणा से बात करते। उसकी रुचि-अरुचि को ध्यान में रख खरीदारी की जा रही थी। कभी-कभी तो सुलक्षणा को ही अपने पास बुला लेते।

'बेटे को तो काम से फुरसत नहीं, तुम ही विवाह की तैयारी में मेरी मदद करो।' जब-तब अनुपम की व्यस्तता की शिकायत सुलक्षणा से करना न भूलते दीनानाथ। विवाह से तीन दिन पहले ही अनुपम ने ऑफिस जाना बन्द किया था। वह भी तब जब पिता गुस्सा ही हो गए थे उस पर।

लेकिन होनी को कुछ और ही मंजूर था। विवाह समारोह के लिए सिलवाई गई पोशाक अनुपम को फिट नहीं आई तो स्वयं ही अपने टेलर के पास पहुँच गया। वापस लौट रहा था लेकिन घर न पहुँच पाया। एक फोन आया और पिता बदहवास से अस्पताल पहुँचे। लेकिन तब तक सब कुछ समाप्त हो चुका था। पता चला गाड़ियों से लदा एक ट्रक सामने आते स्कूटर सवार को बचाने के प्रयास में अनुपम की मर्सिडीज के ऊपर पलट गया।

बुरी तरह घायल अनुपम को बड़ी मुश्किल से निकालकर अस्पताल पहुँचाया गया। लेकिन उससे पहले ही अनुपम की साँसें टूट चुकी थीं।

इतना बड़ा आघात कैसे सहा होगा सुलक्षणा ने? और उसके बाद ये इनके साथ कैसे? सुरभि का मन इस हृदय-विदारक घटना को सुन भर आया। सुलक्षणा भी कुछ देर खामोश रही। शायद अपने आँसू रोकने का प्रयास कर रही थी। सुरभि ने भी कुछ न पूछा, थोड़ी देर बाद सुलक्षणा ने आगे बोलना आरम्भ किया।

दोनों परिवारों पर तो जैसे वज्र गिर पड़ा था। सुलक्षणा के हाथों पर तो अभी मेहँदी का रंग ठीक से चढ़ा भी न था कि किस्मत ने उससे सब कुछ छीन लिया।

सुलक्षणा अपने शोक से उबरी तो उसे सबसे पहले अपने होनेवाले श्वसुर का ध्यान आया। उनके पास जाए या न जाए कुछ दिन इसी दुविधा में रही। अन्ततः मन कड़ा कर उनसे मिलने चली ही गई।

सेठ दीनानाथ तो अपना सन्तुलन ही खो बैठे थे। दिन-रात अपने भव्य पूजागृह में ही भगवान की मूर्तियों के सामने बैठे एकटक उन्हें निहारते रहते। न खाने की सुध न सोने की। 'यह अन्याय उनके साथ ही क्यों?' शायद यही पूछते होंगे भगवान से।

सुलक्षणा सीधे उनके पूजा के कमरे में चली गई। कुछ देर तक अनजानी निगाहों से उसे देखते रहे। पहचानने की कोशिश करते लेकिन नहीं पहचान पाए तो मुँह फेर लिया।

उस दिन से सुलक्षणा ने नित्य उनके पास जाने का नियम बना लिया। डॉक्टरों के परामर्श और सुलक्षणा की सेवा-सुश्रुषा से दीनानाथ जी में कुछ सुधार हुआ।

'बेटी, मैं तुझे अपनी बहू नहीं बना पाया।'

सुलक्षणा को पहचानने के बाद उनके मुँह से निकला पहला वाक्य दोनों को आँसुओं से सराबोर कर गया।

मन ही मन इस हादसे से डरी सुलक्षणा आश्वस्त हुई। दीनानाथ जी के चेहरे पर कोई गिला-शिकवा, किसी घृणा का नामोनिशान नहीं था।

अब सुलक्षणा अपना अधिकतम समय दीनानाथ जी की सेवा में ही गुजारने लगी थी। और धीरे-धीरे घर में इस बात का विरोध भी होने लगा था। लेकिन सुलक्षणा ने किसी की न सुनी।

पत्नी और बेटे को इस शहर में खो देने के बाद दीनानाथ जी का यहाँ रहने का मन न था। सारा व्यवसाय समेटने के बाद वह किसी दूरस्थ स्थान में शान्तिपूर्वक अपना जीवन बिताना चाहते थे।

औने-पौने दामों में सब कुछ बेच अब वह वहाँ से जाने की तैयारी में थे।

'मैं आपको अकेला नहीं छोड़ूँगी। मैं आपके साथ चलूँगी।'

सुलक्षणा की बात सुन दीनानाथ जी चौंक गए। सुलक्षणा की ओर देखा। लेकिन उसके स्वर की दृढ़ता और चेहरे के भाव देख समझ गए कि वह अपने निश्चय से नहीं डिगने वाली। घर-परिवार के बहुत से विरोधों को झेलने के बाद भी सुलक्षणा चली आई दीनानाथ जी के साथ इस अनजान शहर में। थोड़ा व्यवस्थित हुए तो दीनानाथ जी ने सुलक्षणा को आगे पढ़ने के लिए प्रेरित किया।

सुलक्षणा ने स्थानीय कॉलेज में प्रवेश ले लिया। पहले एम.ए. फिर पीएच.डी.। सुलक्षणा पढ़ती गई और अन्ततः दीनानाथ जी की जिद ने उसे महिलाओं के महाविद्यालय में नौकरी करने हेतु बाध्य कर दिया।

अनजान शहर में बहुत अधिक जान-पहचान भी नहीं थी तो कोई बहुत प्रश्न भी नहीं करता। अधिकांश लोगों को यही पता था कि सुलक्षणा दीनानाथ जी के इकलौते पुत्र की विधवा पत्नी है।

जिसे भी पता लगता दोनों की प्रशंसा करते न अघाते। जहाँ विधवा बहू को पढ़ा-लिखाकर योग्य बनाने हेतु दीनानाथ जी की प्रशंसा होती वहीं इतनी छोटी उम्र में विधवा होने पर भी ससुर की सेवा में अपना जीवन होम कर देने के लिए सुलक्षणा की भी।

'और तब से लगभग चालीस वर्ष बीत चुके हैं। सब लोग यही जानते हैं कि हम ससुर-बहू हैं। लेकिन यह कोई नहीं जानता कि यह रिश्ता तो कभी अपनी पूर्णता तक पहुँचा ही नहीं।'

सुरभि हैरान थी। कुछ कहते न बना। सुलक्षणा के पास बैठे बहुत देर हो चुकी थी। अपनी ही सोच में डूबी सुरभि वापस चली आई। इस घोर कलियुग में ऐसा भी होता है क्या? जहाँ लोग खून के रिश्तों को भी नहीं निभा पाते वहाँ दीनानाथ जी और सुलक्षणा ऐसे रिश्ते को निभा रहे थे जो कभी बना ही नहीं।

सम्पत्ति

यूँ तो इस कार्यालय में सभी काम ध्यानपूर्वक ही किया जाता। वैसे भी अचल सम्पत्ति के स्वामित्व परिवर्तन का काम जोखिम भरा तो है ही। खासतौर से तब जब सम्पत्ति के असली स्वामी की मृत्यु हो चुकी हो। नकली वसीयतनामे, फर्जी मृत्यु प्रमाण पत्र लगाकर भी लोग सम्पत्ति हस्तान्तरण को चले आते। कई बार तो बच्चे माँ-बाप का ही फर्जी मृत्यु प्रमाण पत्र ले आते।

'इसे कहते हैं घोर कलियुग। सम्पत्ति हड़पने के लिए बच्चे माँ-बाप के मरने की प्रतीक्षा नहीं कर रहे।' बिहारी बाबू पान चबाते हुए कहते।

'अरे बाबूजी प्रॉपर्टी का तो चक्कर ही ऐसा है। ये तो मुर्दे को भी कब्र से उठाकर खड़ा कर देता है और जिन्दे को भी जीते जी कब्र में गाड़ देता है।' हरिहर चपरासी खैनी मलते हुए उनकी बात का जवाब देता।

कई बार तो इन नकली कागजों के असली से प्रतीत होने के कारण करोड़ों की सम्पत्ति के यूँ ही वारे-न्यारे हो जाते। कभी गलती से तो कभी मिलीभगत से।

शहर में कुछ जमीनें ऐसी भी थीं जिनके मालिक कब के मर-खप गए थे। बच्चे विदेशों में थे। उनके

लिए इस सम्पत्ति का मूल्य कौड़ियों के बराबर था। ऐसी सम्पत्ति पर अक्सर भू-माफियाओं की गिद्ध-दृष्टि लगी रहती। इन्हीं जमीनों के लिए खूनी संघर्ष तक होते।

इस कार्यालय के कर्मचारियों की भी पौ-बारह थी। कभी तो गलत काम करने के पैसे मिल जाते और अगर जमीन बड़ी होती तो एक छोटा-सा प्लॉट मिलने की सम्भावना बनी रहती। ऐसा खून लग गया था सबके मुँह पर कि सही काम भी बिना सुविधा शुल्क लिये न करते। हाथ में अर्जी लिये खड़ा जीता-जागता इनसान उन्हें मुर्गा नजर आता और उसे हलाल करने के लिए सारा कार्यालय एकजुट हो उठता। एकता की ऐसी मिसाल शायद ही कभी किसी और मौके पर दिखाई देती हो।

तभी कुछ ऐसा हुआ कि पूरा कार्यालय डोल गया। ऐसा लगा जैसे एक जलजला सा आ गया हो, जिसने सब कुछ बदलकर रख दिया। अभी तक तो कार्यालय में 'जैसा राजा वैसी प्रजा' वाला कानून चलता था लेकिन कार्यालय के राजा की शिकायतें बहुत बढ़ जाने के बाद अन्ततः उसे बदल दिया गया। यदि राजा थोड़ा सा उन्नीस-बीस भी होता तो चल जाता लेकिन ये तो बहुत ही अलग था।

आते ही ईमानदारी और संवेदनशीलता पर लम्बा-चौड़ा भाषण दे डाला। अधिकांश लोगों को ये भाषण उबाऊ और बाबा आदम के जमाने के मूल्यों वाला लगा।

'किस जमाने की आइडियोलॉजी झाड़ रहे थे साहब। अगर हकीकत में भी ऐसे ही हुए तो!' एक जूनियर साहब बोले।

'अरे, शुरू-शुरू में सब ऐसा ही कहते हैं। बाद में इसी रंग में रँग जाते हैं। आखिर हरे-हरे नोट किसे पसन्द नहीं।' पास ही खड़े दूसरे साहब ने कहा।

लेकिन ऐसा हुआ नहीं। साहब की कथनी और करनी में कोई अन्तर न था। चोरी-छिपे रिश्वत लेने की कोई शिकायत उन तक पहुँच जाती तो सामने ऐसी झाड़ पिलाते कि सुननेवाला पानी-पानी हो जाए।

शाही जिन्दगी जीने की आदत वालों के लिए जब हवा-पानी कम होने लगा तो उन्होंने यहाँ से तबादले करवाने आरम्भ किए। जो कमाया था उसका एक छोटा-सा हिस्सा मलाईदार जगह पर तबादला करवाने में खर्च कर दिया।

इसी तरह साहब की बिरादरी के भी कुछ लोग थे। यद्यपि उनकी संख्या अब कम रह गई है लेकिन जितनी भी थी उन्हें अपने कार्यालय में पाकर बड़े साहब खुश हुए।

अब लोगों के सही काम फटाफट होने लगे और गलत काम करवानेवाले दफ्तर के अन्दर भी कदम न रख पाते।

इन्हीं दिनों एक व्यक्ति ने मृतक के इकलौते पुत्र होने का दावा करते हुए सम्पत्ति अपने नाम हस्तान्तरित करने हेतु अर्जी दी। जो कुछ भी उसने लिखा था और जो भी दस्तावेज प्रस्तुत किए थे उससे उसका दावा सही प्रतीत होता था।

उसको दो-तीन दिन बाद आने को कह अधिकारी अपने काम में लग गए। ध्यान से देखा तो मकान की रजिस्ट्री में एक महिला का नाम भी दिखाई दिया।

'माँ होंगी। इनकी भी मृत्यु हो गई होगी शायद। तभी बेटा अपने नाम पर स्वामित्व परिवर्तन को कह रहा है।'

'आपकी माँ की भी मृत्यु हो चुकी है क्या?'

चौथे दिन जब वह व्यक्ति अपने काम की प्रगति पूछने आया तो अधिकारी ने अपना सवाल दाग दिया।

'जी नहीं, वह अलग रहती हैं। उनका तलाक हो चुका है।'

'कब?'

'जी, पच्चीस-तीस बरस हो गए।'

'पच्चीस-तीस बरस। अधिकारी बुदबुदाई। मकान के कागज देखे। वह तो सिर्फ 15 वर्ष पुराने थे। जब पच्चीस-तीस बरस दोनों के तलाक को हो गए तो इस व्यक्ति ने उनके नाम पर क्यों सम्पत्ति खरीदी?' वो सोच में पड़ गई। इस प्रश्न का जवाब तो यह व्यक्ति, जो अपने आपको मृतक का बेटा कह रहा था, ही दे सकता था।

'लेकिन इस प्रॉपर्टी में तो आपके पिता के साथ-साथ आपकी माँ का नाम भी है।' फाइल पर नजरें गड़ाए हुए ही उन्होंने अपनी बात कही और अब प्रतिक्रिया जानने हेतु अपने सामने बैठे व्यक्ति की ओर देखने लगी।

'ये असम्भव है। ये कैसे हो सकता है?' उसके चेहरे पर आश्चर्य के भाव थे।

'आप स्वयं देख लीजिए।' और उसने फाइल व्यक्ति के सामने रख दी। उसे स्वयं आश्चर्य था कि इस व्यक्ति ने कभी इस रजिस्ट्री को ध्यान से नहीं देखा था क्या? प्रथम पृष्ठ पर ही दोनों के नाम स्पष्ट दिखाई दे रहे थे।

'ये देखो ये रहा, सुमंगला कुमारी।' अधिकारी ने अपनी उँगली उसी स्थान पर रख दी।

'सुमंगला कुमारी! ये तो मेरी माँ नहीं। उनका नाम तो शारदा है।'

'आपकी माँ नहीं! लेकिन जो भी है, होंगी तो आपके परिवार से ही और आपकी जानकारी में जरूर होगा। आप इन्हें लेकर आइए तभी कार्यवाही होगी।' और उन्होंने फाइल बन्द कर दी।

व्यक्ति लौट गया। फिर कई दिन तक नहीं आया। अब उस महिला को लेकर ही आएगा शायद। और या तो फ्रॉड होगा। चाहता ही नहीं होगा कि उसके पिता की सम्पत्ति में कोई और भी हिस्सेदार बने।

इस बात को दो महीने बीत गए। सम्बन्धित अधिकारी भी भूल गई कि ऐसी कोई फाइल उनके पास आई थी।

एक दिन एक महिला उन अधिकारी को ढूँढ़ते हुए आ पहुँची।

'मेरे पति ने एक फाइल दी थी मकान उनके नाम करने को।'

'कौन सी फाइल?' उन्हें याद न आया। ऐसे तो बहुत सी फाइल थीं उनके पास।

'वही जिसमें किन्हीं एक और महिला का नाम भी था।' वह सकुचाते हुए बोली।

'हाँ-हाँ, याद आया। लेकिन आप तो इतने दिन से आए ही नहीं। ले आए आप उन महिला को?' अधिकारी ने एक ही साँस में कई बातें कह डालीं।

'जी, दरअसल बात ये है कि...।' बात आरम्भ कर उस महिला ने इधर-उधर देखा फिर चुप हो गई।

'हाँ-हाँ बताओ, क्या बात है?'

'हम उस महिला को नहीं जानते।'

'कैसी बात कर रही हैं आप? आपके ससुर जी ने अपनी सम्पत्ति में उनका नाम लिखा है और आप कह रही हैं कि आप उन्हें जानतीं नहीं।'

और उसके बाद उस महिला ने जो कहानी सुनाई उस पर अधिकारी विश्वास करे या न करे यह उसकी समझ में नहीं आया।

महिला के अनुसार उसके पूज्य स्वर्गीय श्वसुर महोदय देश के एक प्रमुख संस्थान में उच्च पद पर आसीन थे। स्वभाव से प्रखर अपने विषय के जाने-माने ज्ञाता। गुस्सा ऐसा कि नाक पर मक्खी न बैठने देते। इसे संयोग कहें या कुछ और विवाह भी ऐसी लड़की से हुआ जिनका स्वभाव लगभग उन्हीं की तरह था। वह भी एक इंजीनियरिंग संस्थान में प्रवक्ता थीं और अपने क्षेत्र की विद्वान। दोनों में से कोई भी अपने आपको कमतर समझने की भूल न करता।

अहं का टकराव तू-तू, मैं-मैं की नौबत ला देता और अन्ततः दोनों में कई-कई दिन के अबोले की नौबत आती। आरम्भ में दोनों ही अपनी-अपनी महत्त्वाकांक्षाओं की पूर्ति में इतने व्यस्त थे कि सन्तान के बारे में सोचा ही नहीं।

पाँच वर्ष बाद जीवन में कुछ ठहराव आया तो दोनों को सन्तान के रूप में एक पुत्र की प्राप्ति हुई।

एक नए प्राणी को अपने जीवन में आया देख दोनों का जीवन कुछ समय के लिए तो भावमय हो गया लेकिन थोड़े ही समय के बाद दोनों की महत्त्वाकांक्षाओं ने फिर सिर उठाना आरम्भ कर दिया। बच्चे की देखभाल को लेकर ही दोनों में झगड़े होने लगते। यों तो

बच्चे के सभी कार्यों के लिए घर में आया थी लेकिन पति चाहते कि पत्नी स्वयं बच्चे की देखभाल करे।

'मेरी नौकरी तुमसे कमतर नहीं, फिर मैं ही क्यों? मैं भी तुम्हारी तरह थककर आती हूँ फिर बच्चे की देखभाल मैं ही क्यों करूँ, तुम क्यों नहीं?'

पत्नी का ये तर्क सुन पति भन्ना जाते और शुरू होती एक और महाभारत।

इन्हीं झगड़ों के बीच पुत्र पाँच वर्ष का हो गया। दोनों ने उसे किसी अच्छे हॉस्टल में डाल अपने कर्तव्य की इतिश्री की और अपनी-अपनी राह ली। पत्नी ने बेहतर भविष्य की आकांक्षा लिये अपना तबादला दूसरी जगह करवा लिया और दोनों अलग-अलग रहने लगे।

बेटे को न तो हॉस्टल पसन्द आया, न ही वो माता-पिता के बीच होनेवाले रोज के झगड़ों की यादों को मन से निकाल पाया। स्वयं भी लड़ाई-झगड़े में सबसे आगे रहता और पढ़ाई में फिसड्डी। वह दस वर्ष का हुआ तो अन्ततः माता-पिता के बीच में तलाक हो गया। एक दूसरे के बन्धन की परवाह तो उन्होंने पहले भी बहुत अधिक न की थी लेकिन अब तो वे स्वच्छन्द थे। बेटा पिता के सम्पर्क में ही अधिक रहता लेकिन ढंग से पढ़ाई न कर पाया। जब पच्चीस वर्ष की उम्र तक भी बेटा कुछ न कर पाया और पिता सेवानिवृत्त हो गए तो अपने रिटायरमेंट के पैसों से उसके लिए कुछ छोटे-मोटे व्यापार का बन्दोबस्त किया। तीन-चार वर्ष बाद बेटे का विवाह भी कर दिया। बेटे के विवाह के एक वर्ष बाद ही उन्हें ब्रेन हैम्रेज का ऐसा अटैक पड़ा जो उनकी सारी शक्ति छीन ले गया। न तो बोलने की शक्ति रही और न चलने की। जब इस पढ़े-लिखे व्यक्ति को हस्ताक्षर के स्थान पर सभी दस्तावेजों पर अँगूठा लगाना पड़ा तो उनके आँसू निकल आए।

'मैडम दस साल तक उन्हें ऐसे ही पाला। बहुत सेवा की उनकी। इतने पढ़े-लिखे और प्रखर इनसान का बुढ़ापे में यह हश्र देख

आँसू निकल आते। लेकिन हम कर ही क्या सकते थे। बेचारों ने बहुत झेला मरने से पहले।' और वह अपने आँसू पोंछने लगी।

'तो आपके विवाह को दस वर्ष हुए अभी।' अधिकारी बुदबुदाई।

'जी ग्यारह वर्ष।'

'और तुम कहती हो कि तुम इस सुमंगला नाम की महिला को नहीं जानती। आपकी सास से अलग होने के बाद दूसरी शादी तो नहीं की थी उन्होंनें?' उन्होंने अपना सन्देह जताया।

'नहीं मैडम। पिछले ग्यारह वर्ष से तो वे हमारे साथ थे। हमने तो न कभी देखा न कभी सुना इनके बारे में।' वह इस महिला के नाम से बिल्कुल अनजान दीख रही थी।

'अपने पति से पूछिए, वे जानते होंगे।'

'अगर वह जानते होते तो मैं आपके पास क्यों आती? उन्हें कुछ नहीं पता।'

महिला द्वारा सुनाई गई कहानी विश्वसनीय तो नहीं थी और साथ ही उसकी कहानी के आधार पर मकान का स्वामित्व परिवर्तन भी नहीं किया जा सकता था। आखिर वह महिला इस मकान की आधी हिस्सेदार थी।

महिला को यही बात समझा दी गई। कुछ देर उसने बहस की और अन्त में उसने जो कहा उसने अधिकारी के सन्देह को और बढ़ा दिया।

'देखिए रजिस्ट्री में जिनका नाम है उन्हें तो हम जानते नहीं। अब आप ही हमारी मदद कीजिए। आप जो चाहेंगी, जैसा चाहेंगी हम कर देंगे।' महिला ने पास आकर लगभग फुसफुसाते स्वर में अधिकारी से कहा।

उस महिला की बात सुन अधिकारी का खून खौल उठा लेकिन उसने किसी तरह अपने आपको संयत किया। मन ही मन अब वह इस मामले की तह तक जाने की ठान चुकी थी।

अब इस प्रकरण को बड़े साहब के कान में डालना भी जरूरी हो गया था। साहब को भी दाल में कुछ काला लगा। सम्पत्ति की कीमत भी ठीकठाक थी।

'कहीं ऐसा तो नहीं कि बेटा होने का इसका दावा ही गलत हो। वरना यह कैसे सम्भव है कि पुत्र को ऐसी किसी महिला के बारे में मालूम ही नहीं जिसके नाम पर सम्पत्ति क्रय की गई है।' साहब के चेहरे पर संशय के बादल घिर आए।

'मैं भी यही सोच रही हूँ सर! अगर आप इजाजत दें तो मैं स्वयं इन्क्वायरी करना चाहूँगी।' महिला अधिकारी अब इस व्यक्ति को छोड़ने के मूड में न थी।

'हाँ-हाँ, जरूर। आप अवश्य पता लगाइए कि वस्तुस्थिति क्या है?'

और साहब का इशारा पाते ही उनके अन्दर की जासूसी प्रवृत्ति उभर आई। तरह-तरह के खयाल मन में आते रहे। कौन होगी ये औरत? क्या रिश्ता होगा इसका मृतक से, और अगर कोई रिश्ता है तो बेटे-बहू को कुछ भी मालूम क्यों नहीं है? इन्हीं सब सवालों से जूझती अगले ही दिन एक सहायक को साथ ले वह उस क्षेत्र में पहुँच गई जहाँ मृतक का आवास था।

एक बड़े से भूखंड पर बना आवास जिसके चारों ओर खड़े अखरोट, देवदार, आम, लीची के पेड़ भवन के अस्तित्व को तो छुपा ही जाते थे। घर के बाहर गेट पर धुँधले अक्षरों में लिखा 'अरण्य वाटिका' उस जगह की विशिष्टता को परिभाषित करता प्रतीत हो रहा था।

आसपास कुछ लोगों से पूछताछ की लेकिन वह सभी इस क्षेत्र में अपेक्षाकृत नए थे। दरअसल ये कॉलोनी बसी ही छह-सात बरस पहले थी। इससे पहले तो बड़े-बड़े भूखंडों में इक्के-दुक्के मकान ही थे।

'हमने तो यहाँ एक वृद्ध आदमी और उनके बेटे-बहुओं को ही देखा है।'

'बेचारों ने बहुत कष्ट झेला, लकवा मार गया था उन्हें। कुछ दिनों पहले ही तो स्वर्गवास हुआ उनका।'

'उनकी पत्नी! नहीं-नहीं, वह तो अकेले ही रहते थे अपने बेटे-बहू के साथ।'

बस यही और ऐसे ही कुछ जवाब।

'कोई ऐसा परिवार भी है जो पिछले पन्द्रह–बीस बरस से यहाँ रह रहा हो?' उन्होंने एक व्यक्ति से पूछा।

'जी, वो सामने वाला मकान देख रही हैं आप। वही सबसे पुराने हैं यहाँ पर लेकिन यहाँ नहीं रहते। उनका चौकीदार रहता है। उससे कुछ पूछना चाहें तो पूछ सकते हैं आप।' एक व्यक्ति ने बताया।

'जी, साहब तो विदेश रहत रहिन। वुई बिटवा अमरीका माँ रहित रहिन त साहब और मेमसाब भी उहीं हैं।'

'कब आएँगे?'

'अगले महीने। पचीस तारीख की फ्लाइट है उनकी।'

पच्चीस तारीख़ के बाद आने का निश्चय कर दोनों वापस आ गए।

'जी, मि. प्रशान्त चौधरी के बारे में कुछ जानकारी लेनी थी। आप यहाँ पर सबसे पुराने हैं इसलिए...।'

उनके आने के दो तीन दिन बाद ही अधिकारी फिर अपने सहायक सहित वहाँ पहुँच गई। गृहस्वामी का रोब–दाब देख पहले–पहल तो उनकी उनसे कुछ पूछने की हिम्मत न हुई लेकिन जानकारी तो लेनी ही थी। यही लोग अब उनका एकमात्र सहारा थे।

'उसका नालायक बेटा तो है अभी, उससे क्यों नहीं पूछते?' उनकी रोबदार आवाज सुनकर वो फिर सहम गए।

'उन्हीं से पूछा था लेकिन वो कुछ बताते ही नहीं।'

और उन्होंने सम्पत्ति में नाम परिवर्तन का पूरा किस्सा उन्हें सुना दिया।

'प्रशान्त का बेटा नालायक है, वह तो मुझे पता था लेकिन इतना नालायक होगा मुझे पता न था।' उनके चेहरे पर आक्रोश की रेखाएँ उभर आईं। उसके बाद उन्होंने जो बात बताई उससे उन्हें असलियत पता चली।

तलाक के बाद प्रशान्त ने कुछ समय तक तो अपनी नौकरी, शोध और प्रगति से इतर कुछ सोचा ही नहीं। यहाँ तक कि छात्रावास

में रहनेवाला बेटा क्या कर रहा है, इसकी भी उन्हें चिन्ता न रहती। लेकिन ज्यों-ज्यों उम्र बढ़ती गई और बेटे की शिकायतें बढ़ने लगीं उन्हें अपना दर्द बाँटने के लिए किसी की आवश्यकता महसूस हुई। बेटे की नालायकी से उपजे तनाव के कारण उनका स्वयं का काम भी प्रभावित हुआ। मन में अपराधबोध ने घर कर लिया था। बेटे की इस स्थिति के लिए वह स्वयं को अधिक जिम्मेदार मानते। ये उनके घोर अवसाद के क्षण थे।

इसी समय उनकी जिन्दगी में आई सुमंगला। सुमंगला उनके ऑफिस में ही स्टेनो थी। माता-पिता थे नहीं। छोटे-भाई बहनों की जिम्मेदारी पूरी करने में जिन्दगी होम कर दी। सब अपने-अपने घरों में व्यस्त थे। अकेली रह गई थी सुमंगला। जीवन के लगभग पचास बसन्त देख चुकी सुमंगला ने तो अब अपने विवाह के सपने देखना भी बन्द कर दिया था।

सुमंगला और प्रशान्त कब एक दूसरे के पूरक बन गए पता तक न चला। वैवाहिक जीवन में प्रेमपूर्वक समर्पण का सुख तो प्रशान्त को कभी मिला न था। सुमंगला के मुँह से प्यार के दो बोल सुन प्रशान्त अभिभूत हो उठा।

और एक दिन सारी मान्यताओं, सारे सामाजिक बन्धनों को तोड़ प्रशान्त सुमंगला को अपने घर ले आए। आखिर एक नया बन्धन जो बँध गया था दोनों के बीच में। किसी ने कहा उन्होंने मन्दिर में विधिवत् विवाह किया है तो किसी ने कहा कि ऐसे ही दोनों ने साथ रहना आरम्भ कर दिया है।

लेकिन उन दोनों को किसी की परवाह न थी। सुमंगला का साथ पाकर प्रशान्त खुश थे लेकिन बेटे को सुमंगला फूटी आँख न सुहाती। सुमंगला ने बहुत कोशिश की कि वह अपने पिता को समझे लेकिन कोई भी बहाने कर वह घर से बाहर रहने की ही कोशिश करता।

अपनी और सुमंगला की जमा पूँजी से दोनों ने बहुत मन से ये घर खरीदा था। इस घर को व्यवस्थित और सजाकर रखने में सुमंगला ने कोई कसर न छोड़ी।

कुछ समय बाद प्रशान्त रिटायर हुए। बेटा तब तक भी व्यवस्थित न हो पाया था। इधर-उधर ही रहनेवाला उनका बेटा पिता की सेवानिवृत्ति की खबर सुन वापस चला आया। सुमंगला खुश थी। इकलौता बेटा घर वापस तो लौटा। उसे नहीं पता था कि वह तो पिता के पैसे के लिए वापस लौटा है।

बेटे ने पिता से इलेक्ट्रॉनिक उपकरणों की एजेंसी लेने को कहा। प्रशान्त इस पक्ष में न थे लेकिन घर बचाए रखने की धुन में सुमंगला प्रशान्त को मनाने में कामयाब हुई। शेष जमा-पूँजी पुत्र के लिए एजेंसी दिलवाने में खर्च हो गई। सुमंगला अपनी जमा-पूँजी तो पहले ही घर खरीदने में लगा चुकी थी। अब उसने अपने फंड से भी पैसा निकालकर दे दिया।

प्रशान्त ने बहुत मना किया लेकिन सुमंगला न मानी।

'एक ही तो बेटा है हमारा। सब कुछ अन्ततः उसी का होना है। कुछ अच्छा करना चाहता है तो मदद करो उसकी। हमारे जीने के लिए तो हमारी पेंशन ही काफी होगी।' और सुमंगला बेपरवाही से हँस दी। अभी तो उसकी सेवानिवृत्ति के लिए भी समय था और वो पूरी तनख्वाह ले रही थी।

तीन-चार वर्ष सब ठीक चला। सुमंगला और प्रशान्त के बेटे के बीच कड़वाहट कुछ तो कम हुई थी।

अब सुमंगला बेटे के लिए बहू की खोज में थी। अगले वर्ष ही वह भी तो सेवानिवृत्त होनेवाली थी।

और इसके बाद आरम्भ हुए सुमंगला और प्रशान्त के दुर्दिन। पुत्र का विवाह हो गया। नई बहू के पैर घर में पड़ते ही कलह आरम्भ हो गया। बहू इतनी कर्कश थी कि बोलने से पहले ये भी न सोचती कि क्या कह रही है और किससे कह रही है। न उम्र का लिहाज न रिश्ते की मर्यादा। प्रशान्त और सुमंगला के रिश्ते को अनैतिकता का जामा पहनाने में भी कोई कसर न छोड़ी उसने।

प्रशान्त और सुमंगला दोनों खून के घूँट पी रह जाते। बेटा ही अगर ढंग का होता तो बहू ही इतनी हिम्मत कहाँ से होती कि

सास–ससुर के लिए मुँह से अपशब्द निकाल सके। लेकिन जब अपना ही सिक्का खोटा हो तो किसी और को क्या दोष देना।

नित्यप्रति की कलह और बेटे–बहू के हाल देख प्रशान्त को एक दिन भयंकर ब्रेन स्ट्रोक पड़ा। समय पर इलाज हो गया बच गया वरना दौरा प्राणघातक था। बच तो गए लेकिन चलने–बोलने की शक्ति जाती रही। अपाहिज प्रशान्त ने अब बिस्तर पकड़ लिया।

सुमंगला के रिटायर होने के उपरान्त मिली बची–खुची रकम अब प्रशान्त के इलाज में खर्च हो गई।

'और उसके बाद हम लोग बच्चों के बुलाने पर अमरीका चले गए। प्रशान्त उस समय न बोल पाता, न हाथ–पैर हिला पाता था।' वह सज्जन बता रहे थे और दोनों लोग ध्यान से उनकी बात सुन रहे थे। वह कुछ देर चुप हुए तो उनकी तन्द्रा टूटी। अब तक ये तो समझ में आ चुका था कि सुमंगला कौन थो लेकिन अब कहाँ गई ये जानना बाकी था। और यही बात उन्होंने उनसे पूछ ली।

'पता नहीं। पिछले बरस जब हम वापस इंडिया आए थे तो सबसे पहले प्रशान्त का हालचाल पूछने गए। सुमंगला वहाँ नहीं थी और प्रशान्त की हालत बद से बदतर थी। जीने की इच्छा ही खत्म हो गई थी उसकी तो क्या खाक ठीक होता वह!'

'आपने पूछा नहीं कि सुमंगला जी कहाँ हैं?'

महिला अधिकारी अपनी उत्सुकता छुपा नहीं पा रही थी।

'नहीं मैडम। मैंने पूछना चाहा। बेटे–बहू क्यों बताते और प्रशान्त बताने की स्थिति में नहीं था। हाँ, सुमंगला का नाम सुन उसकी आँखों में आँसू अवश्य भर आए थे।'

'अब तो वही बात हो गई। जहाँ से चले थे, ये तो वहीं पहुँच गए। इतने बड़े शहर में सुमंगला जी को कहाँ ढूँढ़ेंगे?' महिला अधिकारी परेशान थी। साथ ही उसे प्रशान्त के बेटे–बहू पर गुस्सा भी कम न आ रहा था। जिस महिला ने उसके पिता के लिए अपना सर्वस्व न्योछावर कर दिया उसके साथ ये बदसलूकी?

'एक तरीका है मैडम उन्हें ढूँढ़ने का।'

'क्या?' दोनों के मुँह से एक साथ निकल पड़ा।

'सुमंगला सरकारी सेवा में थी। उनका ऑफिस मैं बता सकता हूँ। वहाँ से आप ये पता कर लीजिए कि वह पेंशन किस बैंक से ले रही है और उसमें उनका पता क्या है?'

काम कठिन था। सहायक ने तो स्पष्ट मना कर दिया।

'छोड़िए मैडम। क्यों इतने लम्बे चक्कर में पड़ रही हैं? हम सम्पत्ति हस्तान्तरित तो करेंगे नहीं। पति-पत्नी की गरज होगी तो ढूँढ़कर लाएँगे उन्हें।'

लेकिन महिला अधिकारी के अन्दर की औरत भी जाग चुकी थी अब तक।

'यह काम मैं स्वयं कर लूँगी। आखिर एक महिला के साथ अन्याय हुआ है।' अधिकारी का रूखा स्वर सुन सहायक मन मारकर तैयार हो गया। और अन्ततः उनकी यह कवायद रंग लाई। पूछताछ करते-करते अन्ततः उनकी खोज एक वृद्धाश्रम पर जाकर समाप्त हुई।

सुमंगला की आँखों में प्रश्न चिह्न था। इतने वर्षों से तो कोई आया नहीं था उनसे मिलने। उस अभागिन को तो यह भी पता नहीं था कि प्रशान्त अब इस दुनिया में नहीं रहा।

'मुक्ति मिल गई उन्हें। बहुत भुगता उन्होंने।' और उसने आकाश की ओर मुँह कर हाथ जोड़ दिया। मानो प्रशान्त की मुक्ति के लिए ईश्वर का धन्यवाद कर रही हो।

'लेकिन आप कौन हैं? और यहाँ कैसे?' उन दोनों के उससे मिलने आने का रहस्य उन्हें अब तक समझ न आया था।

'जी, दरअसल आपके बेटे ने प्रशान्त जी की सम्पत्ति अपने नाम करने को कहा था और...' और उन्होंने पूरी कहानी सुना दी।

सुमंगला जी मुस्करा दी। उन्होंने उन्हें अगले सप्ताह फिर बुलाया।

इतनी देर में सहायक ने बाकी लोगों से ये भी पता कर लिया था कि किन परिस्थितियों में सुमंगला जी को घर छोड़ना पड़ा था।

अधिकांश लोगों को तो उनके बारे में ज्यादा पता न था। वह किसी को कुछ नहीं बताती थी लेकिन बहुत समय से रह रही एक वृद्धा ने बताया कि उनके बेटे-बहू ने पति के अपाहिज हो जाने के बाद उन्हें धक्के देकर बाहर कर दिया। वहाँ से निकल वह अपने भाइयों के पास भी गई पर कहीं सहारा न मिला।

अपनी सारी जमा-पूँजी पहले मकान, फिर पुत्र के व्यवसाय और अन्ततः प्रशान्त की बीमारी में खर्च कर चुकी सुमंगला के पास अब मासिक पेंशन के अलावा जीविकोपार्जन का कोई और जरिया न था। तब से सुमंगला यहीं इसी आश्रम में रह रही थी। आरम्भ में एक-दो बार प्रशान्त के हाल जानने का प्रयास भी किया लेकिन प्रशान्त के बेटे-बहू ने उसे अन्दर तक न घुसने दिया। उसके बाद वह वहाँ कभी न गई।

महिला अधिकारी दुखी थी। कोई ऐसा भी कर सकता है एक वृद्ध महिला के साथ? उसे प्रशान्त के बेटे-बहू पर बहुत गुस्सा आया। अब आएँगे तो बताएगी उन्हें कि उन्होंने अच्छा नहीं किया। वह मन ही मन सोच रही थी कि सुमंगला ने अगले सप्ताह उन्हें क्यों बुलाया होगा।

यों तो उनका काम समाप्त हो चुका था। सुमंगला को उन्होंने जीवित ढूँढ़ लिया था और उसके जिन्दा रहते उसकी सहमति के बिना सम्पत्ति हस्तान्तरित नहीं हो सकती थी फिर भी सुमंगला जी के बुलावे को वो टाल न सकी।

वृद्धाश्रम पहुँची तो सुमंगला ने एक लिफाफा उन्हें थमा दिया।

'क्या है ये?'

'अब आपको बेटे के नाम पर सम्पत्ति हस्तान्तरित करने में परेशानी नहीं होगी।'

अधिकारी ने लिफाफा खोलकर देखा। गिफ्ट डीड थी। सुमंगला ने अपने हिस्से की सम्पत्ति प्रशान्त के बेटे को उपहारस्वरूप दे दी थी।

'ये क्या किया आपने? उन्होंने आपके साथ इतना बुरा व्यवहार

किया और आपने...?'

उन्होंने अधिकारी को हाथ के इशारे से रोक दिया और अपनी बात कहनी आरम्भ की। कहते हुए उनके स्वर में दृढ़ता और लगाव दोनों के मिले-जुले भाव थे।

'वो प्रशान्त का बेटा है और प्रशान्त मेरे लिए सब कुछ था। जो कुछ प्रशान्त ने मुझे दिया वह मेरे जीवन में अमृत के समान है। उसी अमृत के प्रभाव और उनके साथ बिताए समय के सहारे मैं अपना शेष जीवन गुजार लूँगी। प्रशान्त की हर चीज मेरी अपनी है इसलिए बेटा और बहू भी मेरे अपने हैं। अपनों को कुछ देकर बहुत सन्तोष मिलता है बेटा!'

वापस लौटते हुए महिला अधिकारी के कानों में सुमंगला के कहे ये शब्द गूँज रहे थे, आँखों की कोरें नम हो आई थीं।

सम्पत्ति प्रशान्त के बेटे के नाम हो गई। कागजों के हिसाब से सब काम सही हुआ था। लेकिन बड़े साहब और सम्बन्धित अधिकारी के मन में अपराध-बोध था कि सब कुछ सही होते हुए भी कुछ गलत हो रहा था। काश! वह इतनी छानबीन न करते तो ऐसा न होता।

बदल गई जिन्दगी

वह एक बच्चों का स्कूल था। छोटे-छोटे बच्चों का। नर्सरी से लेकर पाँचवीं तक। बच्चे जितने छोटे, जिम्मेदारी उतनी अधिक। कहीं चोट न लगा बैठें। शरारतें करते हुए अपना नुकसान न कर लें। खाते हुए गले में कोई चीज न फँसा लें, वगैरह-वगैरह। स्कूल प्रशासन की जिम्मेदारी बड़ी थी इसलिए अध्यापिकाओं के साथ-साथ तीन-चार आया भी रखी गई थीं।

आया की भर्ती के समय विशेष ध्यान रखा जाता। आया स्वयं भी बाल-बच्चों वाली हो तो बहुत अच्छा। ऐसी महिला को बच्चों की ममता भी होती और अनुभव भी।

मध्याह्न अवकाश में बच्चे दौड़ते-भागते स्कूल में लगे झूलों की ओर जाते तो उनके गिरकर चोटिल होने की सम्भावना बनी रहती। उसी वक्त आयाओं का काम बहुत कठिन होता। नर्सरी से दूसरी-तीसरी कक्षा में पढ़ने वाले बच्चों की देखभाल की बहुत आवश्कता थी। इसलिए मध्यावकाश में ये महिलाएँ तत्परता से बच्चों के चारों तरफ घूमती रहतीं।

सारी सावधानी के बावजूद एक दिन छुट्टी के समय भागते हुए एक बच्चा ठोकर खाकर गिर पड़ा।

माथे पर चोट लगी और खून बहने लगा। एक आया जो अन्य बच्चों को सँभालती दूर खड़ी थी, दौड़कर आई और दूसरी आया से छीन उसे गोद में उठा लिया।

उसके आँसू बहने लगे। बार-बार वह उस बच्चे के सिर को सहलाती और रोती जाती।

'इसी का बच्चा होगा शायद।' अपने बच्चे को लेने आई रश्मि ने सोचा। उस आया का रोना सुन उसका दिल पसीज गया। बेचारी गरीब औरत, बैठे-बिठाए ये मुसीबत उसके सिर पर आ पड़ी। महिला की वेश-भूषा से वो विधवा जान पड़ती थी।

'बेचारी का बच्चा गिरकर चोट खा गया।'

रश्मि ने पास खड़ी दूसरी अभिभावक से कहा तो उसने भी हाँ में हाँ मिलाई।

उसे कुछ मदद की आवश्यकता हो, यही सोच कर रश्मि उसकी ओर चल दी।

'ज्यादा चोट तो नहीं आई बच्चे को?' उसने आया से पूछा।

'पता नहीं मैडम, लेकिन देखो तो कितना खून बह रहा है!' और वह अपने आँसू पोंछने लगी।

रश्मि उससे बात कर ही रही थी कि एक महिला उस ओर जैसे झपटती हुई-सी आई।

'क्या हो गया मेरे बच्चे को?' और उसने आया की गोद से छीन उसे गोद में उठा लिया।

'कैसे गिर गया ये?' उसने आया से पूछा।

जवाब में आया ने क्या कहा वह रश्मि के लिए इतना महत्त्वपूर्ण नहीं था। जितना कि उसे ये जानकर आश्चर्य हुआ कि ये बच्चा इस आया का नहीं था।

महिला अपने बच्चे को लेकर चली गई। आया के आँसू तब तक भी थमे न थे।

'ये बच्चा किसका था?' रश्मि अपनी उत्सुकता न दबा पाई।

'बच्चे तो भगवान का रूप होते हैं मैडम। वह सबके होते हैं।' और वह आँसू पोंछती धीरे-धीरे गेट से बाहर निकल गई।

रश्मि का बेटा माँ को ढूँढ़ते हुए उसके पास ही आ खड़ा हुआ था। उसकी उँगली थामे वह भी स्कूल से बाहर निकल आई लेकिन मन में ढेरों प्रश्न थे।

बच्चों का दर्द यूँ तो सभी को होता है लेकिन किसी दूसरे के बच्चे की परेशानी देख इतना अधिक द्रवित होना रश्मि ने पहली बार देखा था।

कुछ ही दिनों बाद रश्मि की मुलाकात अपने पुत्र की कक्षाध्यापिका से हो गई। इतने दिनों से मिलते-मिलते दोस्ताना सम्बन्ध हो गए थे दोनों के। रश्मि ने बीते दिन की घटना उसे सुनाई।

'अच्छा फ्यूँली की बात कर रही हो तुम!' अध्यापिका ने छूटते ही कहा।

'क्या करें बहुत ही अभागिन है बेचारी।' और उन्होंने फ्यूँली की कथा-व्यथा रश्मि के सामने रख दी।

फ्यूँली, जैसा उसका नाम था वैसे ही गुण। दिनभर हँसती-खिलखिलाती रहती। सुदूर पहाड़ी गाँव की रहनेवाली फ्यूँली माता-पिता की इकलौती सन्तान थी। पिता की अपनी दो-चार भेड़-बकरियाँ थीं और थोड़ी-सी खेती की जमीन बस घर का गुजारा चल जाता।

फ्यूँली सत्रह वर्ष की हुई तो माता-पिता को उसके विवाह की चिन्ता हुई। अल्हड़ फ्यूँली का तो अब तक बचपन भी न गया था। माँ घर का काम सीखने को कहती लेकिन पहाड़ी नदी की धारा के समान उछलते-कूदते बहती फ्यूँली माँ की बात पर ध्यान ही न देती।

लेकिन फ्यूँली घर का काम न भी सीखती तब भी उसका विवाह तो करना ही था। उनके समाज में लड़कियों को बहुत दिनों तक अविवाहित रखने का रिवाज नहीं था।

फ्यूँली की शादी हो गई। लड़का विधवा माँ का इकलौता बेटा। फ्यूँली के पिता की तरह बकरियाँ पालता और उसी से उसकी आजीविका चलती। नाम था उसका सुन्दर। जैसा नाम का सुन्दर वैसे

ही आचार-व्यवहार का भी।

विवाह के कुछ दिन बाद फ्यूँली से खाना बनाने को कहा गया तो उसने दाल जला डाली, सब्जी कच्ची ही रह गई। आटा भी गीला हो गया। अनुभवी सास समझ गई कि माँ-बाप ने सचमुच 'फ्यूँली' की तरह ही पाला है।

लेकिन वह गुस्सा न हुई न ही आपा खोया, धीरे-धीरे फ्यूँली को सब कुछ सिखा दिया और कुछ ही समय में फ्यूँली सफल गृहिणी बन गई। जीवन हँसते-खेलते गुजरने लगा। गरीब पिता की बेटी के मन में इतनी आशाएँ-अपेक्षाएँ तो थीं नहीं कि वह दुखी होती। उसने तो जो मिल गया उसी में खुश रहना सीखा था।

शादी के एक वर्ष पश्चात् उसने एक बेटी को जन्म दिया व तीसरे वर्ष पुत्र को। परिवार पूरा हो चुका था। सब खुश थे। अपने में मस्त थे, लेकिन तभी एक ऐसी घटना घटी जिसने सबके जीवन को हिलाकर रख दिया।

फ्यूँली के पति के पास बकरियाँ थीं तो साथ में उनके बच्चे भी थे। बकरी का एक बच्चा उसी दिन पैदा हुआ जिस दिन फ्यूँली का बेटा एक वर्ष का हुआ। सुन्दर उसे बहुत प्यार करता और प्यार से उसे सोनू कहकर बुलाता।

एक दिन सुन्दर जब बकरियाँ चरा रहा था तो उसने देखा सोनू कहीं आसपास नहीं है। बहुत ढूँढ़ने पर एक खाई में किसी पेड़ की पत्तियाँ खाते मिला। सोनू उस खाई में उतर तो गया था लेकिन अब ऊपर नहीं आ पा रहा था। जरा सा पैर फिसलता और वो खाई में जा गिरता। उसी को बचाने की कोशिश में सुन्दर गहरी खाई में जा गिरा और फिर कभी न उठा।

फ्यूँली की तो जिन्दगी ही बदल गई। दो छोटे-छोटे बच्चे और बूढ़ी सास की जिम्मेदारी सिर पर आन पड़ी। कभी मन होता कि इसी खाई में कूदकर वह भी जान दे दे और चली जाए अपने सुन्दर के साथ हमेशा के लिए। लेकिन कहाँ सम्भव था ये भी। बच्चों को पालने के लिए फ्यूँली ने कमर कस ली। बकरियों की जिम्मेदारी भी

अब उसके सिर पर थी तो घर के प्राणियों को पालने की भी। धीरे-धीरे फ्यूँली ने सब सँभाल लिया। अल्हड़ किशोरी से अचानक ही वह समझदार महिला बन गई थी।

इकलौते बेटे के जाने का गम सुन्दर की माँ बहुत दिन तक न सह पाई और एक वर्ष बीतते-बीतते वो भी चल बसी। फ्यूँली के सिर से अब एक बुजुर्ग का साया भी उठ गया था। अब फ्यूँली दो बच्चों के साथ इस दुनिया में अकेली रह गई थी।

बच्चे बड़े हुए तो उसने उन्हें स्कूल में भेजा। सुन्दर और अपनी तरह अनपढ़ नहीं रखना चाहती थी फ्यूँली उन्हें। और फिर वह हादसा हुआ जिसने उसकी जिन्दगी को ही बदल दिया।

उस वर्ष बहुत बारिश हुई। कहते हैं पिछले कई सालों में इतना पानी नहीं बरसा। वर्षा होने से कई फायदे थे तो नुकसान भी कम नहीं था। कहते हैं न 'अति सर्वत्र वर्जयेत्'। इतने वर्षों से कम वर्षा में रहने के आदी लोगों ने नदी-नालों, गाड-गधेरो में भी घर बना लिये थे। पहाड़ों के घर भी अब पहले जैसे न बनते। पत्थर और मिट्टी-गारे की जगह ईंट और बजरी ने ले ली थी। वर्षा अधिक हुई तो नुकसान भी बहुत हुआ। कहीं सड़कें टूट गईं तो कहीं भवन के भवन ध्वस्त हो गए। बरसाती नदियों का पानी तटबंध तोड़कर बह चला।

और एक दिन फ्यूँली के गाँव पर भी कहर टूट पड़ा। रात भर से बारिश हो रही थी। सुबह थोड़ी देर के लिए मौसम खुला तो फ्यूँली दोनों बच्चों को स्कूल भेज स्वयं घर के काम में जुट गई। लेकिन थोड़ी ही देर बाद इतनी वर्षा आरम्भ हो गई कि लगता था सब कुछ बहा ले जाएगी। गाँव का स्कूल जिसमें उस समय लगभग पचास बच्चे मौजूद थे, पिछली पहाड़ी दरक जाने से उसका मलबा स्कूल की दीवार तोड़कर अन्दर से सब कुछ अपने साथ बहा ले गया।

बड़े बच्चों ने तो किसी तरह निकलकर अपनी जान बचाई लेकिन छोटे बच्चे वहीं मलबे में दबे रह गए। बारह बजे करीब फ्यूँली को किसी ने आकर ये खबर दी। खबर सुन वह तो जैसे जड़ हो गई। उसके बच्चे तो अभी बहुत छोटे थे। भागकर बाहर भी न

निकल पाए। फ्यूँली बदहवास हो उठी। उसी बदहवासी की हालत में स्कूल तक भागी लेकिन उसके जीवन की आखिरी लौ भी बुझ चुकी थी। फ्यूँली पत्थर हो गई। आँसू का एक कतरा भी उसकी आँखों से न निकला। मलबे में दबे उसके दोनों बच्चों के शव उसके सामने रखे गए लेकिन फ्यूँली पर कोई प्रतिक्रिया न हुई। वह तो सुन्न हो चुकी थी।

उसकी हालत देख माता-पिता उसे अपने साथ ले गए। लेकिन वह तो मानसिक सन्तुलन खो चुकी थी। सारे गाँव में ऐसे ही घूमती रहती। न कपड़ों की सुध न शरीर की।

जवान लड़की है, सुंदर हैं। कहीं इस दशा में इसके साथ कुछ बुरा हो गया तो। यही सोचकर माँ-बाप ने उसे मानसिक रोग चिकित्सालय में भर्ती करवा दिया।

तीन-चार बरस फ्यूँली वहीं रही। धीरे-धीरे उसे पिछली सब घटनाएँ याद आने लगीं और उसका स्वास्थ्य सुधरने लगा। जिस दिन वह अपने दोनों बच्चों को याद कर फूट-फूट कर रोई उस दिन डॉक्टर को विश्वास हो गया कि फ्यूँली ठीक हो चुकी है।

लेकिन अब एक नई समस्या थी। फ्यूँली जाए कहाँ? उसके माता-पिता का भी अब पता न था कि वो कहाँ हैं। इकलौती बेटी के दुख से दुखी होकर उन्होंने गाँव छोड़ दिया था और अब उनका कुछ पता न था।

जिन लोगों के बच्चे उस हादसे में मारे गए थे उन्हें सरकार द्वारा सहायता दी गई जो अब तक फ्यूँली को न मिल पाई थी।

'मुझे पैसा नहीं चाहिए साब। बच्चों के स्कूल में नौकरी दे दो। मेरी दो वक्त की रोटी भी चल जाएगी और स्कूल के बच्चों में अपने बच्चों को ढूँढ़ लूँगी।' हाथ जोड़कर उसने अधिकारी के समक्ष अपनी बात रख दी।

उसकी परिस्थितियाँ देख उसकी बात मान ली गई और अन्ततः उसे इस स्कूल में आया की नौकरी मिल गई।

बस तब का दिन था और आज का दिन है फ्यूँली इस स्कूल

का अभिन्न अंग बन गई है। अभिभावक हो या अध्यापक, कभी किसी को शिकायत का मौका नहीं दिया। स्कूल के सारे बच्चे उसके अपने हैं। कई अभिभावक तो उसके बारे में जानकर अपने छोटे बच्चों को स्कूल में छोड़कर जाते हैं।

रश्मि मंत्रमुग्ध हो फ्यूँली की कहानी सुन रही थी। एक ऐसी युवती की कहानी जिसने अपना सब कुछ खोकर इस पूरे संसार को पा लिया था।

गेहूँ के दाने

पिछले चार दिन से आसमान ऐसे बरस रहा था मानो उसमें कई सुराख हो गए हों। शहर की कच्ची बस्तियाँ तो क्या पक्की सड़कें भी पानी से लबालब भर गई थीं। दुपहिया वाहन, छोटी कारें जहाँ पूरी तरह पानी में डूब गई थीं वहीं बस, ट्रक आधे-आधे पानी में डूबे हुए थे। नौकरीपेशा लोग अघोषित अवकाश पर हैं तो बच्चे अब इस छुट्टी से तंग आ चुके हैं। वह तो घर में कैद हो गए हैं। बार-बार आसमान की ओर ताक रहे हैं और सोच रहे हैं कि ये पानी बरसना कब बन्द होगा?

पानी बरस रहा है तो सब कुछ बन्द है। न दूध की सप्लाई, न सब्जी की। उच्च और मध्यम वर्ग को तो इस बन्दी से बहुत अधिक असर नहीं हुआ। इतना जरूर हुआ कि चार दिन से वही आलू-प्याज और दालें खाकर वह ऊब जरूर गए थे।

लेकिन एक तबका ऐसा भी था जो रोज कुआँ खोदकर पानी पीता और ये वह लोग थे जो दिहाड़ी मजदूरी कर रोज की कमाई करते और उसी से उनका चूल्हा जलता। झुग्गी-झोपड़ियों में रहते और किसी तरह गुजारा करते। लेकिन इस बारिश ने तो इन झुग्गियों को पूरी तरह तबाह कर दिया था। जगह-जगह इन झुग्गियों

से बिखरा हुआ सामान तैर रहा था। यहाँ के निवासियों ने बमुश्किल सुरक्षित जगहों पर शरण ली थी।

स्थिति की भयावहता भाँप दो दिन बाद सरकारी मशीनरी भी जंग धो-पोंछकर सक्रिय हुई। तब तक बड़े तो बड़े बच्चे भी भूख से बिलबिलाने लगे थे।

इन्हीं में एक परिवार था विनायक का। चार वर्ष पहले उड़ीसा के कालाहांडी क्षेत्र से परिवार सहित शहर चला आया। परिवार में उसकी बीवी और तीन बच्चे थे जिनकी उम्र में एक-डेढ़ साल का अन्तर रहा होगा। सबसे बड़ा बेटा आठ वर्ष का, दूसरी बेटी सात वर्ष की और छोटा बेटा पाँच वर्ष का, चार वर्ष पहले वे शहर आए थे, तब गोद में था। कुपोषण और कमजोरी के चलते डेढ़-दो वर्ष की उम्र तक तो वह जमीन पर पैर भी न टिका पाया था। लेकिन अब तो ऐसे दौड़ता कि माँ पकड़ भी नहीं पाती।

विनायक के परिवार ने गाँव से ही इतनी गरीबी और भुखमरी देखी थी कि दो दिन के फाके से उन पर कोई असर न पड़ा।

चार दिन बाद जब धीरे-धीरे पानी उतरना आरम्भ हुआ तो लोगों ने अपने-अपने घरों की ओर लौटना आरम्भ किया। झुग्गियाँ तो सारी मलबे में तब्दील हो चुकी थीं। लेकिन मलबे के उस ढेर में अभी भी घरों की कुछ निशानियाँ बाकी थीं। परिवार के सभी लोग मिल-जुलकर मलबे के उस दलदल में जीवन चलाने योग्य निशानियाँ ढूँढ़ रहे थे। कौन सामान किसका है इससे कोई लेना देना नहीं, जो जिसके हाथ लग गया उसका हो गया।

विनायक और उसकी घरवाली भी कुछ टूटे-फूटे बरतन, कीचड़ से सने कपड़े, टूटी-फूटी चारपाइयाँ आदि बटोर लाने में सफल हुए।

धीरे-धीरे पानी और सूखा और उसी स्थान पर एक बार फिर झुग्गियाँ बस गईं। जीवन आबाद हो चला। एक-दो दिन सरकार ने भी खबर ली। कुछ ब्रेड और बिस्किट खिलाकर भूखों की भूख मिटाने का प्रयास किया। भोजन के इन पैकेटों पर लोग चील की मानिन्द झपट पड़ते। एक ही पैकेट के लिए कई लोगों के बीच छीना-झपटी

होती और अन्त में जिसके हाथ वह पैकेट लग जाता वही भाग्यशाली सिद्ध होता। विनायक को अपनी तो चिन्ता नहीं थी लेकिन बच्चों को भूख से बिलबिलाते देख उसका हृदय फट पड़ता। उनके लिए किसी तरह अब तक खाने का इन्तजाम कर रहा था। बच्चों का पेट भरने के बाद जो बच जाता उससे दोनों प्राणी अपनी भूख मिटा लेते।

फ्री का खाना और उसके लिए इतनी चिल्ल-पों मचते देख कुछ स्थानीय छुटभैयों ने भी अपनी दुकान सजा ली। पंक्तिबद्ध हो खाना लेने की उनकी योजना से सबको थोड़ा-बहुत तो मिल ही जाता लेकिन उसका एक बहुत बड़ा हिस्सा इनकी जेबों में भी जाता रहा। कुल मिलाकर इन दिनों मेले का सा माहौल रहा बस्ती में।

मुफ्त में खाना बँटना खत्म हुआ तो मेला भी खत्म हुआ। सभी लोग एक बार फिर से रोजी-रोटी की तलाश में जुट गए।

इस बार की बारिश से नुकसान भी बहुत हुआ और बाजार में अधिक काम भी उपलब्ध नहीं था। बस्ती में रहनेवाले कुछ लोग आढ़तियों के यहाँ मजदूरी करते तो कुछ वहीं बड़ी इमारतें बनानेवाले ठेकेदारों के साथ थे। लेकिन बारिश की अधिकता से बिल्डिंग बनाने का काम तो ठप पड़ गया था। इसके तो तभी दोबारा शुरू होने के आसार थे जब कुछ दिनों तक लगातार धूप रहती।

इन इमारतों में काम करनेवाले मजदूर आजकल रोजी की तलाश में इधर-उधर भटक रहे थे। विनायक भी इन्हीं में शामिल था। कभी कहीं दिहाड़ी की तलाश में भटकता तो कभी कहीं।

कहीं कुछ घंटों का काम मिल जाता तो कहीं पूरे दिन का काम भी होता। कभी ऐसा भी होता कि पूरे दिन कोई काम ही न मिलता। चूल्हा जलाने की प्रतीक्षा में विनायक की पत्नी उसकी राह ताकती। अब तो वो उसके चेहरे से पहचानने लगी थी कि काम मिला या नहीं।

खाना नहीं मिलता तो बच्चे रोते, विनायक भी झींकता, उसकी घरवाली भी। बच्चों को मार पड़ती। बाद में दोनों पछताते कि आखिर बच्चों की गलती क्या थी। लेकिन सब जानते-समझते हुए भी ये हर तीसरे दिन का तमाशा बन चुका था।

नुक्कड़ का लाला भी अब उधार नहीं देता। अभी तो विनायक पहले का उधार भी चुकता न कर पाया था। महीने का राशन लाला से बँधा होता था जिसका भुगतान विनायक अगले महीने में ही करता था। लेकिन अब बेरोजगारी के चलते लाला भी कोई जोखिम उठाने को तैयार न था।

बस्ती की ही कुछ महिलाएँ कूड़ा बीनने का काम करती थीं। विनायक की घरवाली भी बच्चों को घर पर छोड़ यही काम करने लगी। कभी-कभी तो कूड़े में उसे बहुत अच्छी-अच्छी चीजें मिल जातीं। उसे आश्चर्य होता ये अमीर लोग ऐसी मूल्यवान और जरूरत की चीजों को ऐसे ही कूड़े में कैसे फेंक देते हैं? उसे क्या पता था कि जो सामग्री उसके जैसे लोगों के लिए बहुमूल्य थी वही इन बड़े घरों में रहनेवालों के लिए फेंकने का सामान थी।

विनायक की घरवाली घर से बाहर निकलती तो बच्चों के लिए एक जून के भोजन का इन्तजाम तो हो ही जाता। लेकिन स्थिति तब खराब होती जिस दिन विनायक को तो सारे दिन काम नहीं मिलता और उसकी घरवाली कमा कर लाती। पुरुष का अहं ये बिल्कुल भी बरदाश्त न कर पाता कि उसकी पत्नी घर के सभी प्राणियों के साथ-साथ उसके पेट भरने की भी व्यवस्था कर रही है।

अब बच्चे तो बच जाते लेकिन इसी झुँझलाहट में विनायक अपनी घरवाली को बुरी तरह पीट डालता। लेकिन उसे भी ईश्वर ने न जाने कितनी सहनशक्ति दी थी कि चुपचाप मार खा लेती लेकिन चूँ तक न करती। रात में रुई की तरह धुनी गई विनायक की घरवाली सुबह उठते ही ऐसे काम पर लग जाती जैसे रात कुछ हुआ ही न हो।

ऐसे ही महीना-दो महीना बीत गया। मौसम भी अब ठीक हो चला था और बाजार में भी तेजी आने लगी थी। ऐसे में ही पड़ोसी रामदीन ने विनायक को अनाज के एक आढ़ती के यहाँ काम दिलवा दिया।

आढ़ती के कई गोदाम थे। शहर में कई स्थानों पर उसका काम फैला था। अनाज एक गोदाम से दूसरे गोदाम ले जाने और दूसरी जगह सप्लाई के लिए उसको मजदूरों की निरन्तर आवश्यकता रहती।

पहले-पहल सेठ के गोदाम में भरे अनाज को देखकर विनायक की आँखें चुँधिया गईं। उसके लिए तो यह भंडार सोने-चाँदी के भंडार से भी अधिक बेशकीमती था। अनाज के इन विशाल गोदामों को देखकर अनायास ही उसे दाने-दाने को तरसते बस्ती के लोग याद आ गए।

विनायक की इच्छा अब सबसे पहले घरवाली का काम छुड़वाने की हुई।

'जब से दो पैसे कमाने लगी है दिमाग सातवें आसमान पर है। मेमसाब समझने लगी है आपने आपको।' सोचते हुए विनायक का मन हुआ कि अभी तक जो घरवाली की कमाई से खाया है उसे उलट दे। लेकिन ऐसा कर न पाया।

लाला एक सप्ताह से पहले तनख्वाह न देता। रोज-रोज का हिसाब उससे न होता। अब ये तो विनायक के सामने नई समस्या हो गई। तैश में आकर अगले ही दिन घरवाली को काम न करने को कह आया था। रोज-रोज की किच-किच से आजिज आकर उसने भी न कोई बहस की न रोना रोया बल्कि अगले दिन से ही काम पर जाना बन्द कर दिया।

'थोड़ा-सा गेहूँ-चावल ले जा, किसको पता लगेगा, इस समुद्र में दो-चार बूँद निकाल भी लिया तो? बाकी लोग भी यही करते हैं यहाँ।' रामदीन ने समझाया।

'लेकिन ये तो चोरी है।' विनायक का मन इसके लिए तैयार नहीं था। जब घर में अन्न का दाना नहीं था, बच्चे भूख से बिलबिला रहे थे, यह खयाल तो तब भी उसके दिमाग में कभी नहीं आया था।

'बच्चे भूखे मरें तो उसका पाप नहीं लगेगा तुझे? वह तो चोरी से भी बड़ा पाप है। और तू क्या समझता है लाला ने मेहनत और ईमानदारी से कमाया है। चोर है वह भी बहुत बड़ा। फिर चोर के घर चोरी करने में पाप कैसा?' रामदीन ने उसे पाप-पुण्य की एक नई परिभाषा समझा दी। लेकिन विनायक की समझ में नहीं आया।

'अच्छा सुन सिर्फ पाँच-छह दिन की ही तो बात है, उसके बाद

कभी मत करना ऐसा।'

रामदीन की यह बात विनायक को जम गई। सिर्फ पाँच दिन, उसके बाद कभी नहीं। जिस दिन पहले-पहल उसने दो मुट्ठी अनाज गोदाम से उठाया उसकी साँस धौंकनी की तरह चल रही थी। चेहरा तमतमाया हुआ, माथे पर पसीने की बूँदें, उसकी तो हालत ही अजब थी।

'हे भगवान! बस सिर्फ कुछ दिन।' उसने दोनों हाथ जोड़कर भगवान से क्षमा माँगी। अनाज घर ले गया लेकिन एक कौर भी गले के नीचे न उतरा।

पहली तनख्वाह मिली तो उसने चैन की साँस ली और कभी गलत काम न करने की शपथ ली। जीवन की गाड़ी चल निकली।

विनायक की ड्यूटी कभी एक गोदाम में होती तो कभी दूसरे में। जितने अधिक अनाज से भरे गोदाम देखता विनायक सोच में पड़ जाता। 'इतना अनाज होने पर भी लोग भूखे क्यों रहते हैं?' सोचता लेकिन जवाब न पाता।

एक दिन मुनीम ने विनायक को अन्य मजदूरों के साथ शहर से बीस कि.मी. दूर दूसरे गोदाम में भेजा। वहाँ का गेहूँ ट्रकों में लदकर किसी फैक्टरी में जाना था।

वहाँ जाकर विनायक का साक्षात्कार एक-दूसरे सच से हुआ। वह सच जो बहुत कड़वा था। बहुत दर्दनाक था। लेकिन सबको इसी सच में जीना था। उस सच में जिसे विनायक का मन हजम नहीं कर पा रहा था।

लाला के उस बड़े से गोदाम में बरसात में जगह-जगह से पानी रिस गया था तो कहीं पूरा पतनाला-सा बहकर ही गोदाम के अन्दर आ गया था। गेहूँ की बोरियों से भरे इस गोदाम का गेहूँ पानी गिरने और उसके बाद गोदाम के तीन-चार माह बन्द रहने से सड़ गया था। पूरे गोदाम में सड़े हुए गेहूँ की अजीब सी गन्ध आ रही थी।

गेहूँ ट्रकों में लद रहा था। कुछ बोरियाँ सड़कर फट गई थीं। उन्हें किसी तरह सिल-सिलकर ट्रकों में लादा गया। विनायक आहत

था, बहुत आहत। उसे अपना कालाहांडी याद आ गया। भूख से बिलबिलाते बच्चे याद आए। कंकाल में बदल चुके शरीर याद आए। बाढ़ और सूखे की विभीषिका के समय खाने के पैकेटों पर टूट पड़ते कुत्तों की तरह जीने वाले इनसान याद आ गए। क्या लाला या उसके कारिन्दों ने कभी ऐसे लोगों को न देखा होगा? तभी तो उन्हें अन्न की बरबादी का दुख नहीं होता, पीड़ा नहीं होती।

रामदीन से मन की बात कही लेकिन मन शान्त न हुआ।

'तू अपने काम से काम रख। इन बड़े लोगों को नहीं जानता तू।' रामदीन ने उसे शान्त कराया। ऊपर से विनायक शान्त था लेकिन सारी रात उसे नींद न आई।

'इतना सारा गेहूँ सड़ा दिया, कैसे? और अब इस सड़े गेहूँ को भेज कहाँ रहे होंगे? ये तो किसी के खाने लायक भी नहीं।'

मन में सवाल उठा तो अगले दिन रामदीन से पूछ ही लिया।

'अरे तुझे क्या? जहाँ लाला का मन आएगा वहाँ भेजेंगे। तू क्यों परेशान होता है?' रामदीन के पास न तो इस बात का जवाब था, न वह जानना चाहता था।

लेकिन धुन के पक्के विनायक ने आखिर पता लगा ही लिया।

गेहूँ सड़ गया था और अब खाने लायक न था। इसलिए खबर ये आ रही थी कि इसे गरीबों में मुफ्त बाँट दिया जाएगा। लेकिन लाला इससे भी कमाई करना चाहता था इसलिए आदेश होने से पहले चुपचाप उसने शराब की एक फैक्टरी में बात कर ली थी। वो उसका सड़ा गेहूँ खरीदने को तैयार थी। इस गेहूँ की शराब बनेगी।

विनायक के सामने एक और नंगा सच खड़ा था। अमीरों के न खाने लायक जिस गेहूँ को सरकार गरीबों में बाँटने जा रही थी उससे अब शराब बनेगी। सड़ा गेहूँ भी अमीरों के ही काम आएगा। गरीब फिर भूखे ही रहेंगे।

विनायक जोर से हँस पड़ा। उसका ठहाका सुन सब लोग चौंके। सबने एक साथ उसकी ओर देखा लेकिन उस पर कोई असर न पड़ा।

वो हँसता रहा कुछ देर और फिर अचानक रोने लगा। रोते-रोते उसकी आँखें सुर्ख हो आईं। आवेश में आकर वह वो मुनीम की ओर भागा। उसका गला पकड़ लिया।

'अन्न की बरबादी करते हो। सड़ा दिया सब कुछ और अब उससे शराब बनाओगे। लोगों को भूख से मरते देखा है तुमने कभी? अन्न देवता का अपमान करते हो। पाप लगेगा तुम्हें।' और विनायक ने मुनीम का गला दबाने का प्रयास किया। इस उपक्रम में उसकी नसें तन गईं।

मुनीम चिल्लाया तो मजदूरों ने जाकर विनायक को दूर हटाया। लेकिन विनायक बार-बार उनकी पकड़ से छूटता और मुनीम का गला पकड़ लेता।

पुलिस आई। मारते-मारते विनायक को अपने साथ ले गई। विनायक मार खाता और अन्न देवता के अपमान की बात करता।

तीन-चार दिन विनायक जेल में रहा। छूटकर आया तो मानसिक सन्तुलन खो चुका था। किसी ने कहा पुलिस ने बहुत मारा इसलिए विनायक पागल हो गया। लेकिन यह तो विनायक ही जानता था कि किस चोट ने उसे पागल किया है।

लोगों ने दबी जुबान से कहा कि मार खाते हुए विनायक की दोनों मुट्ठियाँ बन्द थीं। जब मार खा-खाकर बेहोश हो गया तभी मुट्ठियाँ खुल पाईं और उनमें बन्द था गोदाम का सड़ा हुआ गेहूँ।

इस घटना को कई दिन बीत चुके हैं। विनायक अब पूरी तरह पागल हो चुका है। लोगों से कहता है कि सरकार अब गरीबों को अनाज के बदले शराब पिलाएगी। लोग हँसते हैं, मजाक बनाते हैं। लेकिन विनायक की बात का मर्म रामदीन जैसे एक-दो लोग ही समझ पाते हैं। विनायक की घरवाली ने फिर से कूड़ा बीनने का काम शुरू कर दिया है, साथ ही वह एक-दो घरों में भी काम करने लगी है।

सड़े हुए अनाज पर जगह-जगह बहस चल रही है, कभी न खत्म होनेवाली बहस।

कैसे सम्बन्ध

पलक का मन आज सुबह से उद्विग्न था। कल शाम को उसकी माँ ने बताया कि उसे देखने लड़के वाले आनेवाले हैं। वह तैयार रहे।

'किस बात के लिए तैयार रहूँ? एक बार और 'ना' कहे जाने के लिए?' कटुता उसकी बातों से स्पष्ट परिलक्षित हो रही थी।

'चुप रहो तुम। दो-चार अक्षर पढ़ क्या लिये, बहुत बातें बनाने लगी हो। अपनी बाकी सहेलियों को देखो, सब बाल-बच्चों वाली हो चुकी हैं अब तक।' माँ ने उसे डाँटते हुए कहा और फिर बड़बड़ाती हुई वहाँ से चली गई।

पलक जानती थी क्या बड़बड़ा रही होगी माँ। माँ पहले तो ऐसी न थी। एक बेटे और एक बेटी की माँ अपने घर-परिवार से सदैव सन्तुष्ट रहती। पति एक सरकारी विभाग में अधिकारी थे और दोनों बच्चे सुयोग्य। एक आम मध्यवर्गीय परिवार की सन्तोषी गृहिणी की तरह वह सुखी थी।

तो फिर अब ऐसा क्या हो गया कि वह इतनी चिड़चिड़ी हो गई? बच्चों से हमेशा प्यार से बात करनेवाली माँ क्यों बात-बात पर काटने को दौड़ती?

सागर और स्वप्ना के विवाह को लगभग चालीस वर्ष बीत चुके थे। विवाह के एक वर्ष बाद पुत्र और तीन वर्ष बाद पुत्री को पा दोनों धन्य हुए। स्वप्ना जहाँ धर्मभीरु, पुरानी मान्यताओं को माननेवाली महिला थी वहीं सागर आधुनिक विचारों के हिमायती।

इसी के चलते उन्होंने अपने पुत्र और पुत्री में कभी कोई अन्तर न किया। दोनों एक ही स्कूल में पढ़े। स्वप्ना कभी पलक को लड़की होने के कारण अपनी सीमाओं में रहने को कहती तो सागर उसे टोक देते।

'मेरी बेटी मेरा गर्व है, देखा नहीं तुमने बेटे से भी अच्छी निकली है पढ़ने में। इसे घर का काम थोड़ी करना है। कोई अच्छी नौकरी करेगी और नौकर-चाकर रखेगी।' पलक की प्रगति देख सागर गर्व से फूल उठते, लेकिन स्वप्ना कुढ़ जाती।

'अरे, अगर घर का कोई काम सीख लेगी तो कुछ बिगड़ जाएगा क्या? जब देखो तब दोस्तों के साथ ही-ही, हू-हू।' पुरानी मान्यताओं से बँधा स्वप्ना का मन बेटी का लड़कों की तरह रहना बर्दाश्त नहीं कर पाता।

दिन बीतते गए। दोनों बच्चे सफलता की सीढ़ियाँ चढ़ते रहे। दोनों ने देश के प्रतिष्ठित संस्थानों से इंजीनियरिंग की। बेटे ने तो उच्च शिक्षा के लिए विदेश जाना ठीक समझा लेकिन पिता के बहुत समझाने के उपरान्त भी पलक आगे पढ़ने को तैयार न हुई। उसे तो नौकरी कर अपने पैरों पर खड़ा होने की जल्दी थी।

स्वप्ना को कभी-कभी लगता पलक स्वावलम्बन नहीं बल्कि स्वतंत्रता चाहती है। पर सागर से जब भी अपने मन की बात कही उन्होंने उसे हँसी में उड़ा दिया।

पलक अच्छी विद्यार्थी थी तो नौकरियों की उसे कमी न थी। तुरन्त ही बंगलौर की एक आई.टी. फर्म से उसे अच्छे वेतन पर नौकरी मिल गई।

'बैंगलोर?' स्वप्ना चौंक गई।

'हमारे शहर में नौकरियों की कमी है क्या? इतनी दूर अकेली लड़की...।'

स्वप्ना ने तो इसकी सपने में भी उम्मीद न की थी। पढ़ाई के लिए पलक बाहर रही थी पर वह कॉलेज था, वहाँ लड़कियों के लिए छात्रावास था। अब यहाँ अकेली, कैसे होगा सब! ये सोच ही स्वप्ना को बुरी तरह परेशान कर गई।

'माँ, तुम चिन्ता न करो। अच्छी जॉब मिली है, कम्पनी भी अच्छी है। बंगलौर में फर्निश्ड फ्लैट देंगे वह। तुम भी आना मेरे पास।' और पलक माँ की गरदन में झूल गई।

सागर और स्वप्ना दोनों गए थे पलक को छोड़ने। उनके शहर से था भी तो कितनी दूर बंगलौर। पूरे दो दिन लग गए पहुँचने में।

'माँ, सैलरी मिलने दो, अगली बार जहाज का टिकट भेजूँगी तुम्हारे लिए।' पलक की खुशी थामे नहीं थम रही थी।

फ्लैट को देख स्वप्ना को कुछ सन्तोष हुआ। थे तो सिर्फ दो ही कमरे लेकिन जरूरत का सब सामान था। अकेली पलक के लिए यही काफी था।

एक-दो दिन बंगलौर में रह सागर और स्वप्ना लौट आए। आरम्भ में पलक के रोज फोन आते। फिर धीरे-धीरे उनकी आवृत्ति कम होती गई। अब तो पलक हफ्ते में एक दिन ही फोन कर पाती। किसी और दिन स्वप्ना फोन करती भी तो पलक व्यस्त होती।

नौकरी लगे छह माह से अधिक हो गया था। इस बीच पलक एक बार घर भी होकर गई थी। कुछ ही दिन बाद उसका फोन आया कि कम्पनी उसे ऑफिस के काम से अमरीका भेजना चाहती है। स्वप्ना तो ये सुन घबरा ही गई।

'अकेली लड़की घर से इतनी दूर। दूसरे देश कैसे जाएगी?'

'क्या मतलब? कैसे जाएगी? हवाई जहाज से जाएगी। दूध-पीती बच्ची नहीं है वह अब। इतनी बड़ी कम्पनी में जिम्मेदार पद पर है।' सागर झल्लाकर बोले।

अमरीका जाने से पहले एक बार फिर पलक घर आई। उत्साह से लबरेज।

'पुलकित भी वहीं पर है। उससे भी मिल लेना।' स्वप्ना को बेटे की याद आ गई, जिसने अभी इंजीनियरिंग में परास्नातक कर वहीं एक कम्पनी में नौकरी कर ली थी। स्वप्ना चाहती थी पुलकित वापस आए लेकिन वह नहीं आया।

'माँ, तुम तो ऐसा कह रही हो जैसे अमरीका हमारे शहर के बराबर हो। मैं कम्पनी के काम से जहाँ जा रही हूँ वह भाई के शहर से दूर है। उसी ने कह दिया है, वह मुझसे मिलने आएगा।'

'स्वप्ना चुप्पी लगा गई। सात समन्दर पार जाकर बस गए बेटे की पीड़ा ही क्या कम थी जो अब बेटी भी उसी राह चल दी है।' यही सोच मन बार-बार रुआँसा हो उठता।

पलक चली गई। उसे छह माह वहीं रहना था अब।

पलक लौटी तो नए आत्मविश्वास से भरी थी। नया देश, नई दुनिया, नया समाज देख पलक प्रभावित भी थी और प्रसन्न भी।

'माँ, मुझे लगता है भाई वहीं शादी कर लेगा।' उसने एक हमला सा किया।

'क्यों? तुझे ऐसा क्यों लगा?' स्वप्ना घबरा गई।

उसने तो पुलकित के लिए लड़कियाँ देखना भी आरम्भ कर दिया था।

'एक लड़की रहती है उसके साथ वहाँ।' पलक ने सामान्यतया कह दिया, लेकिन ये न सोचा कि माँ पर इसकी क्या प्रतिक्रिया होगी।

'लड़की! उसके साथ? ऐसा कैसे हो सकता है? कोई अकेली लड़की अकेले लड़के के साथ कैसे रह सकती है?' भारतीय परिवेश में पली-बढ़ी स्वप्ना के लिए ये अप्रत्याशित था।

'तो इसमें क्या खास है? जानती हो माँ अब तो इंडिया में भी लिव-इन-रिलेशनशिप लीगलाइज कर दिया है। कोर्ट ने कहा है ऐसा।' पलक लापरवाही से बोली।

'बेटा, इसे कोर्ट ने मान्यता दी है, पर क्या समाज ने भी मान्यता दी है इसे? कोर्ट चाहे कुछ भी कहे, आखिर रहना तो इसी समाज में है न! क्या करेंगे उस कानूनी मान्यता का जिसे समाज नहीं मानता?'

पलक की बातें स्वप्ना को अच्छी नहीं लग रही थीं लेकिन पलक भी बहस पर बहस किए जा रही थी।

'माँ, कानून बहुत कुछ होता है, पता है अमरीका में तो जरा-जरा सी बात पर लोग कानून का सहारा लेते हैं। माता-पिता बच्चे को पीट नहीं सकते, वरना बच्चा कोर्ट जा सकता है और माता-पिता को सजा मिल सकती है।'

'कानून में न्याय मिल सकता है, प्यार और अपनापन नहीं। कानून जबरन ये नहीं कह सकता कि माँ-बाप बच्चे को प्यार करें या बच्चे माँ-बाप की भावनाओं का ध्यान रखें।' स्वप्ना के स्वर में पीड़ा थी।

वह अचम्भित थी। कैसा देश है ये? न कोई सामाजिक व्यवस्था और न अपनापन। बस कानून से ही सब कुछ हासिल करते रहो। अब तो भारत में भी कैसे-कैसे कानून बनने लगे हैं। बच्चे माँ-बाप को नहीं देख रहे तो उन पर केस कर दो। लड़के-लड़की साथ रहना चाहें तो रहने दो। कोई पूछे इन कानूनों से क्या प्यार हासिल कर पाओगे? वह सभ्यता हासिल कर पाओगे जिसमें सबका स्थान, सबके कार्य निर्धारित थे? स्वप्ना जितना सोचती उतना, उलझती जाती।

पलक चली गई लेकिन स्वप्ना के लिए सोचने को बहुत कुछ छोड़ गई।

ऐसे ही दो वर्ष बीत गए। स्वप्ना पुलकित और पलक दोनों से उनके विवाह के लिए पूछती रही लेकिन किसी ने हामी न भरी। पुलकित भी इस बीच एक बार इंडिया आया था। उससे बातचीत में स्वप्ना समझ गई थी कि पलक का कहना गलत नहीं था। पुलकित वहीं किसी लड़की से शादी करना चाहता था।

बहुत समय से स्वप्ना और सागर पलक के पास भी नहीं जा पाए थे। वही घर आ जाती थी। उसका भी अब एक पैर इंडिया में होता तो दूसरा किसी और देश में। एक बार ऑफिस के ही किसी काम से सागर को मैसूर जाना पड़ा तो दोनों ने मिलकर बंगलौर जाने का कार्यक्रम भी बना लिया।

पहले-पहल माता-पिता के आने की खबर से झूम उठनेवाली पलक ने इस बार कोई विशेष उत्साह न दिखाया तो स्वप्ना का माथा ठनका।

'काम में व्यस्त होगी शायद।' यही सोच दोनों पलक के पास चल दिए।

स्वप्ना चार-पाँच दिन पलक के पास रही। दिन भर पलक अपने काम पर होती और स्वप्ना घर पर अकेली। खाली बैठे-बैठे क्या करती, बेटी का घर ही व्यवस्थित करने लगी। घर व्यस्थित करते हुए स्वप्ना को कुछ सामान ऐसा मिला जो लड़कियों के प्रयोग का तो हरगिज नहीं था। आशंकित स्वप्ना ने पलक की अलमारी खोल डाली। पलक के कपड़ों के बीच पुरुष परिधान भी मौजूद थे।

'तुम्हारे साथ कोई और भी रहता है यहाँ?' शाम को पलक घर लौटी तो स्वप्ना ने बिना किसी लाग-लपेट के सीधा प्रश्न पूछ लिया।

'हाँ...नहीं...नहीं तो कोई नहीं।' पलक घबरा गई।

'तुम शादी करना चाहती हो उससे?' पहले सवाल का जवाब सुने बिना स्वप्ना ने दूसरा सवाल दाग दिया।

'नहीं माँ, हम सिर्फ अच्छे दोस्त हैं।' हड़बड़ाहट में पलक यह भूल गई कि अभी-अभी उसने इस बात से मना किया है।

'दोस्त! तुम्हारे साथ ही रहता है न वह?'

'नहीं माँ, कभी-कभी आता है।' पलक ने सिर झुका लिया।

पलक कितना ही ना कहे, लेकिन उसके हाव-भाव से स्वप्ना समझ रही थी कि पलक के मन में उस लड़के के प्रति कोमल भावनाएँ जन्म ले चुकी हैं।

'मैं मिलना चाहती हूँ उससे।'

'कैसी बातें करती हो माँ? क्या आप मेरे सभी दोस्तों से मिलती हो? वैसे भी वह आउट ऑफ कंट्री है आजकल।'

पलक ने माँ का विचार सिरे से खारिज कर दिया। झुंझलाहट

उसके चेहरे पर स्पष्ट उभर आई।

समय बीतता रहा। सब अपने-अपने में व्यस्त थे। पुलकित ने एक अमेरिकन लड़की से ब्याह रचाया। पत्नी के साथ घर लौटा तो सागर और स्वप्ना ने एक अच्छा सा रिसेप्शन दे डाला। पलक भी आई थी और उसके कुछ मित्र भी।

कुछ ही दिन बाद पलक चली गई। वह अब और अधिक व्यस्त रहने लगी थी। धीरे-धीरे उसका आना भी कम होता गया। स्वप्ना जितनी बार विवाह के लिए कहती पलक मना करती जाती। ज्यों-ज्यों उसकी उम्र बढ़ रही थी, त्यों-त्यों सागर और स्वप्ना की चिन्ताएँ भी बढ़ रही थीं।

और एक दिन घबराई-सी आवाज में पलक की एक सहेली का फोन आया कि तुरन्त बंगलौर पहुँच जाएँ। पलक ने डिप्रेशन में आत्महत्या करने की कोशिश की थी। आनन-फानन में हवाई टिकट बुक करा, सागर दम्पती बंगलौर पहुँचे, पलक बेहोश पड़ी थी। नींद की ढेर सारी गोलियाँ गटक ली थीं उसने।

'पलक तो बहुत जिन्दादिल लड़की थी। आखिर ऐसा क्या हो गया कि उसे यह कदम उठाना पड़ा।' सुवर्णा से पूछा, वही जिसने घर पर फोन कर सागर और स्वप्ना को बुलाया था।

'आंटी, दरअसल सिद्धार्थ की शादी तय हो गई।'

'कौन सिद्धार्थ?' स्वप्ना तो इस नाम के किसी लड़के को जानती तक न थी।

'आप नहीं जानते।' सुवर्णा के स्वर में आश्चर्य था। यही आश्चर्य के भाव उसके चेहरे, उसकी आँखों से भी झलक रहे थे। सिद्धार्थ और पलक के बारे में जो कुछ बताया उसे सुन स्वप्ना जहाँ खड़ी थी वहीं खड़ी रह गई।

सिद्धार्थ और पलक पिछले कई वर्षों से साथ रह रहे थे। सुवर्णा के शब्दों में कहें तो 'लिव-इन-रिलेशनशिप'। सब लोग यही समझते थे कि दोनों निकट भविष्य में वैवाहिक बन्धन में बँध जाएँगे। लेकिन एक हफ्ता पहले ही सिद्धार्थ ने बताया कि उसका विवाह निश्चित हो गया है। पलक और वह सिर्फ अच्छे दोस्त हैं और आगे भी बने रहेंगे।

उसने पलक को कभी इस नजर से नहीं देखा, वगैरह-वगैरह।

कुछ दिन पलक उसे समझाती रही, बताती रही कि वह उससे कहीं गहरे जुड़ चुकी है। उसने तो यहाँ तक कहा कि यदि सिद्धार्थ उससे विवाह नहीं करना चाहता तो न करे, वह सारा जीवन यूँ ही उसके साथ रहने को तैयार है।

लेकिन सिद्धार्थ ने यह कहकर साफ इनकार कर दिया कि ऐसा कोई समझौता उनके बीच कभी नहीं हुआ था। पलक अवसाद से घिर चुकी थी और इन्हीं अवसाद के क्षणों में उसने ढेर सारी नींद की गोलियाँ खा लीं। वह तो भगवान का लाख-लाख शुक्र था कि पलक को अनुपस्थित पा सुवर्णा उसके घर पहुँच गई और जब कई बार घंटी बजाने पर भी दरवाजा न खुला तो सिद्धार्थ से घर की डुप्लीकेट चाबी ले आई जो अभी तक उसी के पास थी।

और उसके बाद की कहानी स्वप्ना के सामने थी। पलक की स्थिति कुछ ठीक हुई तो स्वप्ना और सागर उसे अपने साथ ले आए। सिद्धार्थ से मिलना उन्होंने ठीक न समझा। जो व्यक्ति इतने वर्ष उनकी बेटी के साथ रहकर उसकी बात न समझा, वह उनकी बात क्या समझता!

पलक की जिन्दगी वापस पटरी पर लौटने में कुछ समय लगा। स्वप्ना और सागर ने उसे पूरा सहारा दिया लेकिन स्वप्ना कभी-कभी मन ही मन खीज उठती। बेटी ने जो कुछ किया उसको उनका संस्कारी मन कभी स्वीकार न कर पाता, उसे न्यायालय के इस निर्णय पर क्रोध आता। न्यायालय ने इस तथाकथित 'लिव-इन-रिलेशनशिप' को वैधानिक तो ठहरा दिया लेकिन उससे प्रभावित होनेवाली लड़कियों के सम्बन्ध में कुछ न सोचा।

पलक धीरे-धीरे नॉर्मल हो रही थी। दो-तीन माह बाद उसने वापस अपनी नौकरी पर जाने की जिद की तो इस बार सागर ने सिरे से नकार दिया।

'अपना हिसाब कर आओ वहाँ से। मैं तुम्हारे साथ चलूँगा। यहीं तुम्हारी नौकरी के लिए प्रबन्ध हो जाएगा।' सागर के स्वर का

तीखापन पलक के साथ-साथ स्वप्ना ने भी महसूस किया।

पलक अपने शहर में नौकरी करने लगी। कम्पनी बंगलौर वाली कम्पनी जितनी बड़ी तो न थी लेकिन बहुत छोटी भी नहीं थी। पलक ने वहाँ काम करने का कोई विरोध भी नहीं किया।

स्वप्ना अब पलक के लिए रिश्ते की तलाश में थी, लेकिन पलक का भूत उसका पीछा न छोड़ता। कहने को बंगलौर दूर था लकिन खबर तो हवा की भाँति उड़कर चली आती।

अभी कुछ दिनों पहले ही तो मिसेज माथुर मार्केट में मिली थी। कैसे हाथ और आँखें मटका-मटका कर मिसेज शर्मा की बेटी के बारे में कह रही थी। उसके बारे में कह चुकी तो पलक के बारे में पूछना भी न भूली।

'तुमने पलक की नौकरी क्यों छुड़वाई? वहाँ तो वो बहुत अच्छी कम्पनी में थी।'

'छुड़वाई नहीं वो तो स्वयं ही अपने शहर आना चाहती थी इसलिए...' न चाहते हुए भी स्वप्ना ने अटक-अटककर बात पूरी की।

'ये भी ठीक है। लेकिन वो तुम्हारे पड़ोस में मिसेज वर्मा रहती है वो तो कुछ और ही कह रही थी। मैंने भी कह दिया ऐसा नहीं हो सकता। इतने संस्कारी परिवार की लड़की ऐसा कर ही नहीं सकती।' और मिसेज माथुर ध्यान से स्वप्ना का चेहरा पढ़ने की कोशिश करने लगी।

जल्दी का बहाना कर स्वप्ना चली आई लेकिन मिसेज माथुर की निगाहें देर तक उसका पीछा करती रहीं। स्वप्ना को लगा जैसे दो जोड़ी निगाहें उसकी पीठ पर चिपक गई हों और उसके तन-मन का एक्स-रे लेना चाहती हों।

घर आकर उसने इस बात की खीझ पलक पर ही उतारी।

'कहीं मुँह दिखाने लायक न छोड़ा इस लड़की ने।'

रात्रि के अन्धकार में सागर के सीने से लग सुबक उठी स्वप्ना।

सागर उसका सिर सहलाता रहा और समझाता रहा। बताता रहा कि कैसे कड़े प्रयत्नों के बाद पलक सामान्य हुई है। अब कुछ ऐसा न हो कि वो दोबारा कोई गलत कदम उठा ले। उसे सँभालने की

जिम्मेदारी उन दोनों की है।

सागर दोहरी जिम्मेदारी निभा रहा था। कभी स्वप्ना को समझाने की तो कभी पलक को। कभी पलक भी ऐसे ही व्यथित हो पिता के पास आ बैठती।

'क्या माँ सारी जिन्दगी इस बात को ढोती रहेंगी? स्वयं भी चैन से न रहेंगी और मुझे भी नहीं रहने देंगी।'

सागर उसे भी समझाते, समझाते कि माँ भारतीय संस्कारों में पली-बढ़ी है। नारी-पुरुष के सम्बन्ध का मतलब उसके लिए पिता, पति या भाई का सम्बन्ध है। इससे इतर स्त्री-पुरुष में उसके लिए कोई सम्बन्ध हो ही नहीं सकता। इसलिए पलक उसे समझे।

पलक कितना समझ पाती, ये तो उसे ही पता था लेकिन सागर माँ-बेटी में सामंजस्य बनाने का कोई मौका न चूकते।

स्वप्ना की सबसे बड़ी चिन्ता पलक को व्यवस्थित करने की थी। रिश्ते आ भी रहे थे लेकिन कोई भी पूर्णता तक नहीं पहुँच पाता। स्वप्ना इसका कारण पलक की पूर्व में की गई गलती को ही मानती।

पलक इस दिखावे से परेशान हो जाती लेकिन सागर के समझाने पर माँ की बात मान लेती और अब ये एक और रिश्ता। माँ के न कहने के बावजूद वह उस दिन ऑफिस भी गई और शाम को थकी-माँदी घर वापस लौटी तो मुँह धोने का भी समय न मिला। लड़का व उसके माता-पिता थोड़ी ही देर में पहुँच गए थे।

पलक जैसी थी वैसी ही जाकर उनके सामने बैठ गई। लड़के की ओर निगाह गई तो बुरी तरह चौंक उठी। सामने सिद्धार्थ और उसके माता-पिता बैठे थे। सिद्धार्थ की नजर उससे मिली तो वो भी चौंक उठा।

पलक दो पल भो वहाँ न बैठ पाई। जानती थी माँ नाराज होगी लेकिन तब भी उठकर चली आई और अपने कमरे में आते ही बिस्तर पर ढेर हो गई।

'सिद्धार्थ का तो रिश्ता तय हो गया था फिर अब यह विवाह? क्या उसे पता था कि वह मुझे देखने आ रहा है?' जैसे कई सवाल

उसके जेहन में घूम रहे थे।

माँ के लाख कहने पर भी पलक उसके बाद बाहर न आई तो उनके जाने के बाद स्वप्ना का गुस्सा फट पड़ा।

'तुम समझती क्या हो अपने आपको? लड़के वालों को तू पसन्द आ गई है पर...'

'पर मुझे वो पसन्द नहीं।' पलक की आवाज थोड़ी ऊँची हो गई थी।

'क्यों आखिर? कमी क्या है उस लड़के में? उसकी पहली पत्नी तो विवाह के एक वर्ष बाद ही भगवान को प्यारी हो गई थी और लड़का भी लगभग तेरी ही उम्र का है।

'ओह, तो यह है असली बात!' पलक ने सोचा। सिद्धार्थ की पत्नी की मृत्यु हो चुकी है और अब वह दूसरी शादी रचाने चला है।

लेकिन पलक जानती थी उसे क्या करना है। सिद्धार्थ को उसके द्वार पर एक बार फिर भेजकर ईश्वर ने उसके साथ इंसाफ किया है। ईश्वर की सत्ता पर विश्वास होता दिखा उसे। अब 'ना' बोलने की बारी पलक की थी।

अन्तहीन

चिड़ियों की चहचहाहट से झुमकी की नींद खुली। उठने का समय हो गया था। शरीर का पोर-पोर दुख रहा था। मन हुआ थोड़ी देर और सुस्ता ले, लेकिन हिम्मत न हुई। लड़खड़ाती उठ खड़ी हुई और रसोई में चली गई। पति के खर्राटों की आवाज बगल के कमरे से आ रही थी।

उस आवाज को सुन उसकी घबराहट और बढ़ गई और स्वत: ही चाल तेज हो गई। साथ ही दर्द और अधिक गहरा गया। दर्द से उसका पाला पहली बार पड़ा हो, ऐसा भी नहीं था। शादी से पहले अपने मायके में शराब के नशे में चूर हो पिता ने कई बार अकारण ही उसे धुन डाला था। पिता की हरकतों से परेशान माँ का गुस्सा भी उसी पर उतरता।

चार भाई-बहनों में सबसे बड़ी थी झुमकी। रेलवे लाइन से लगी झुग्गियों में माता-पिता के साथ रहती। पिता मजदूरी करते और जो कमाते शाम को उसे शराब में गँवाकर आते। चार बच्चों को पालने की जिम्मेदारी लगभग माँ की ही होती। चार-पाँच घरों में झाड़ू-बरतन कर बच्चों का पेट भरने लायक तो कमा ही लेती।

लेकिन धीरे-धीरे पिता की शराब पीने की आदत बद से बदतर होती गई। अपनी कमाई तो उड़ा ही देते, माँ की कमाई पर भी नजर रहती। माँ मना करती, पिता को कई गालियाँ देती और फिर भी बेरहमी से पिटती। माँ की चीख-पुकार सुन बच्चे सहम जाते। वह भी जोर-जोर से चीखकर माँ के सुर से सुर मिलाने का प्रयास करते।

झुमकी अब पन्द्रह वर्ष की हो चुकी थी। उम्र से पहले ही बड़ी होती झुमकी माँ की पीड़ा समझती। छोटे और नासमझ भाई-बहन भी नशे में रुई की तरह न धुने जाएँ इसलिए उन्हें अपनी गोद में छुपाकर सुलाने का प्रयास करती।

स्कूल का मुँह चारों में से किसी ने न देखा। झुमकी छोटी थी तो माँ अपेक्षाकृत कम घरों में काम करती। धीरे-धीरे झुमकी बड़ी होती गई और परिवार भी बढ़ता गया, साथ ही खर्चे भी।

पिता की बुरी आदतों के कारण घर के खर्चे का भार माँ के कन्धों पर पड़ा तो भाई-बहनों को सँभालने का बोझ झुमकी के कन्धों पर। यूँ तो बस्ती में उन्हीं की तरह के लोग ही रहते लेकिन इन परिस्थितियों में भी कुछ लोग बच्चों को पास के सरकारी स्कूल में भेज पाते। हसरत भरी निगाहों से झुमकी उन्हें स्कूल जाते देखती। काश! वह भी पढ़ पाती।

उसकी सहेली ने बताया कि वहाँ पढ़ाई के साथ-साथ खाना भी मिलता है तो झुमकी के मुँह में पानी भर आया। लेकिन अगर वह स्कूल जाती तो भाई-बहनों को कौन सँभालता। वह मन मसोसकर रह गई।

बस्ती के एक कोने पर थी लाला की दुकान और साथ में ही पक्का मकान। बस्ती से निकलने के बाद पहला पक्का मकान था लाला का। बस्ती वाले जरूरत का सामान भी लाला से खरीदते और जरूरत पड़ने पर ब्याज पर उधार भी उसी से लेते।

गरीब लोग थे। जरूरतें भी छोटी ही होतीं। कभी बच्चा बीमार तो कभी स्वयं। कभी त्योहार मनाना होता तो कभी जन्म-मृत्यु के

संस्कार। जो कमाते उससे तो घर का खर्च भी न चलता। ऐसे समय में काम आता लाला। पहले ही महीने का ब्याज काटकर बाकी पैसे उनके हाथ में धर देता।

अनपढ़ मजदूर न तो ब्याज का हिसाब लगाना जानते, न किसी से पूछते। उनके लिए तो लाला भगवान के समान था वरना कौन देता उन्हें उधार। ये अलग बात थी कि उधार की रकम जब चुकाए न चुकती तो कर्जदार के बीवी-बच्चों को ही लाला की सेवा कर कर्ज उतारना होता। सुबह के झुटपुटे में लोगों ने कई बार लाला के घर से किसी कर्जदार की बीवी या बेटी को निकलते देखा था।

यों तो भरा-पूरा परिवार था लाला का। लेकिन चार बेटियों को जनने के बाद लाला की पत्नी कुछ तो शोक से और कुछ बीमारी से ऐसी खाट को लगी कि उठ न सकी। ऊपर से लाला द्वारा बार-बार दिए जाने वाले ताने मन को छलनी कर जाते।

दो बेटियों की तो लाला शादी कर चुका था और वह दोनों अपने-अपने घरों में खुश थीं। तीसरी बेटी पन्द्रह की और चौथी दस वर्ष की थी। दोनों ही बेटियाँ माँ का ध्यान रखतीं। लाला तो पत्नी की ओर देखता भी नहीं। अपना कमरा भी उसने पत्नी के कमरे से दूर ही रखा था। लेकिन कमरा दूर होने से लाला की करतूतों का उसे पता न चलता, ऐसा भी नहीं था। जवान बेटियों के घर में होते हुए पति का ये चलन उसकी घुटन बढ़ा जाता।

'हे भगवान! अब नहीं सहन होता। बुला ले अपने पास।' आँखों में आँसू भर अशक्त हाथों को ऊपर उठाने का प्रयास कर बार-बार प्रार्थना करती।

और एक दिन ईश्वर ने उसकी प्रार्थना सुन ली। लाला और ललाइन दोनों को मुक्ति मिल गई। ललाइन की आत्मा को शान्ति मिले इसके लिए लाला ने उसकी तेरहवीं धूम-धाम से की। गरीबों की क्षुधा शान्त करने पर ज्यादा पुण्य मिलेगा, यही सोच लाला ने बस्ती के लोगों को भी तेरहवीं पर न्योता दिया।

अच्छा खाने के लालच में झुमकी भी पहुँच गई लाला के घर के सामने के मैदान में। लाला और उसके कारिन्दे स्वयं पूछ-पूछ कर लोगों को खाना खिला रहे थे।

'मालकिन सीधा स्वर्ग जाएगी लाला।' गरमागरम हलवा मुँह में डालते हुए रामदीन बोला।

लाला का सीना गर्व से फूल उठा। इन्हीं गरीबों की बदौलत तो अमीर बना है वह। इन्हीं के कारण आज उसकी इतनी हैसियत है कि घरवाली की तेरहवीं इतने धूम-धाम से करवा रहा है। वरना क्या था वह जब गाँव से भागकर शहर आया था?

अकाल पड़ने के कारण घर में अन्न का दाना तक न था। गाँव से नवयुवकों के जत्थे के जत्थे काम की तलाश में शहर की ओर जा रहे थे और इसी एक जत्थे में सोलह वर्षीय सुखराम भी चला आया था। 'सुखराम' हाँ यही तो नाम है उसका। अब तो 'लाला' सुनने की ऐसी आदत पड़ गई है कि असली नाम याद तक न रहा।

कुछ दिन शहर में धक्के खाए। कहीं काम न मिला। कूड़े में पड़ी जूठन से पेट भरा। धीरे-धीरे दिहाड़ी मिलनी शुरू हुई। कुछ पैसे मिलने शुरू हुए तो सुखराम का दिमाग चलने लगा। एक झुग्गी बस्ती में पान के खोखे से शुरू किया गया उसका व्यवसाय अब तरक्की कर चुका था।

उसे खाता-कमाता देख माता-पिता ने पास के गाँव की ही एक लड़की से रिश्ता करा दिया और जैसे-जैसे सुखराम का व्यवसाय बढ़ता रहा वैसे-वैसे उसके परिवार में भी उत्तरोत्तर बढ़ोतरी होती रही।

झुमकी ने ऐसा स्वादिष्ट खाना पहले कभी नहीं खाया था। बड़े मनोयोग से वह रायते की पत्तल चाट रही थी। रायता तो खत्म हो ही चुका था साथ ही पत्तल पर पड़े उसके निशान भी झुमकी के उदर में समा चुके थे लेकिन उसका मन न भरा। ललचाई दृष्टि से वह लाला के कारिन्दों की ओर देख रही थी। कोई इस तरफ आए तो उससे और रायता माँग ले।

यूँ तो झुमकी की उम्र अभी पन्द्रह वर्ष ही थी लेकिन ईश्वर ने कद-काठी कुछ ऐसी तराशी थी कि वह अपनी उम्र से दो-तीन वर्ष बड़ी ही लगती। कुपोषण की शिकार इस बस्ती में जहाँ मरियल-से बच्चे अपनी उम्र से कम ही नजर आते वहीं झुमकी के शरीर की गठन व चेहरे की रौनक सबके मन में ईर्ष्या ही पैदा करती।

लाला की दृष्टि भी उसकी ओर गई तो एकबारगी ठिठककर रह गई। 'पहले तो कभी नहीं देखा इसे। किस परिवार की होगी?' मन ही मन उसने सोचा और जब मन की उत्कंठा न दबा पाया तो धीरे-धीरे चल उसके पास आ खड़ा हो गया।

'कुछ और चाहिए क्या?'

'नहीं...नहीं...।' आवाज सुन झुमकी चौंकी।

पत्तल उसके हाथ से छूट गया। कुछ पल तक तो वह जमीन पर गिरे उस पत्तल को ही निहारती रही। शायद देख रही थी कि उसमें कुछ छूटा तो नहीं रह गया।

'कहाँ रहती हो? लाला का अगला प्रश्न।

'यहीं बस्ती में।'

'बस्ती में?' पहले तो कभी नहीं देखा। उसकी नजरों से बच कैसे गई। लाला ने मन ही मन सोचा।

'किसकी बेटी हो? पिताजी का नाम क्या है?'

'लुभाया राम।'

'लुभाया राम! नाम सुन लाला चौंका।'

उस बेवड़े के घर में इतनी सुन्दर बेटी! शराब के नशे में चूर इसके बाप ने कभी ध्यान भी न दिया होगा बच्चों पर। कितनी बार तो दोनों मियाँ-बीवी उसकी दुकान पर कर्जा लेने आए हैं। घर का सामान भी महीने की उधारी में चलता ही रहता है। लुभाया जितना कामचोर और व्यसनी है उसकी घरवाली उतनी ही कर्मठ और दृढ़चरित्र। दुकान पर आती है, लेकिन लाला की फूहड़ बातों का जवाब भी दृढ़ता के साथ देना जानती है।

अपनी सोच से बाहर निकलते ही लाला ने इधर-उधर देखा लेकिन झुमकी कहीं नजर नहीं आई।

ललाइन की तेरहवीं सम्पन्न हुई। सभी लोगों ने लाला की दरियादिली की दिल खोलकर तारीफ की। ललाइन की आत्मा को तो शायद इस भोज से शान्ति मिल गई थी लेकिन लाला के मन की अशान्ति बढ़ गई। सारे दिन की भाग-दौड़ और थकान के बावजूद उसे नींद न आई। पिछले आठ-दस सालों से बिस्तर पर पड़ी पत्नी यों तो उसकी जिन्दगी में ना के समान थी पर अब तो उसका अस्तित्व ही न रहा।

कल के दिन दोनों बेटियों का भी विवाह हो जाएगा तो वह तो अकेला ही रह जाएगा।

उसका तो आगे वंश चलानेवाला भी कोई नहीं। किसके काम आएगी उसकी कमाई?

'उसे दूसरा विवाह कर लेना चाहिए।' यही विचार मन में आया। इस विचार के साथ ही रायते का दोना चाटती झुमकी की तस्वीर आँखों में आ झलकी।

'ये लुभाया राम का कितना कर्जा बाकी है?' अगले ही दिन उसने अपने कारिन्दे से उसका हिसाब निकलवा डाला।

'ये तो बाल-बाल तक कर्जे में डूबा है लालाजी।'

'आज शाम को ही बुलवा लो उसे और उसकी बीवी को।' कहते हुए लाला की आँखों में चमक उभर आई।

कारिन्दा समझ गया लाला की नजर कहीं और है वरना लुभाया की बीवी को नहीं बुलाता। लेकिन फिर भी ये न समझ पाया कि लाला की नजर कहाँ तक गई और उसके मन में क्या है।

अनजाने भय से थरथराती लुभाया की पत्नी उसे लेकर लाला के पास चली आई। लुभाया तो तब तक नशे में चूर हो चुका था।

'तुम्हें और कर्जा नहीं मिल सकता अब। पिछले कुछ महीनों से तो तुमने ब्याज भी पूरा नहीं चुकाया है। बताओ क्या है अब तुम्हारे पास मुझे देने के लिए?' लाला ने बही में नजरें गड़ाते हुए पूछा।

लुभाया से तो अपना ही भार सहन न हो रहा था वो बोलता क्या लेकिन उसकी बीवी ने हाथ जोड़ दिए।

'माई-बाप, खर्चा ज्यादा हो रहा है पिछले कई महीनों से। कभी बच्चा बीमार तो कभी मैं।'

'बीमार है तो क्या दारू का खर्चा कम किया, देखो अभी भी कैसा लुढ़क रहा है। पीने को तो पैसे हैं और उधार वापस करने को नहीं। मैंने कह दिया अब नहीं मिलेगा कर्जा।' और लाला बही ले उठ खड़ा हो गया।

'लाला दया करो। बच्चे भूखे मर जाएँगे। लाला, मैं बेगारी कर लूँगी, पर ऐसा मत करो।' लुभाया की बीवी रो पड़ी।

'अब रोकर क्या होगा? पैसा देने की तो होश होनी चाहिए थी तुम्हें।' लाला अन्दर जाने लगा।

'कुछ तो उपाय होगा लाला!'

और ये सुन लाला ठिठककर रुक गया। उपाय ही तो सुझाना चाहता था वह लुभाया और उसकी बीवी को। लेकिन उसमें भी जल्दबाजी न करना चाहता था। उसने लुभाया को अगले दिन बुला लिया।

जान-बूझकर उसने लुभाया को अकेले बुलाया था। जानता था उसे समझाना, लालच देना आसान होगा।

अगले दिन लाला को मिलकर लुभाया घर लौटा तो बहुत खुश था। कुछ तो खुशी और कुछ नशा। उसके पैर जमीन पर ही न पड़ते थे।

'क्या कहा लाला ने?' बीवी ने आते ही पूछा।

'अरे मत पूछो क्या कहा? दिल खुश कर दिया। मेरी बेटी वहाँ राज करेगी और मेरा सारा कर्जा माफ।' लड़खड़ाती जुबान से इतना ही कह पाया जो उसकी पत्नी की समझ में नहीं आया।

रात-भर लुभाया नशे में रहा। अगली सुबह होश आया तो लाला का प्रस्ताव पत्नी को बता दिया।

'झुमकी से शादी बनाना चाहता है वह और बदले में सारा कर्जा माफ!'

'लेकिन झुमकी कैसे? वह तो पन्द्रह बरस की है अभी। लाला की तो बेटियाँ भी...' लुभाया की पत्नी को ये प्रस्ताव समझ में न आया।

'तो क्या हुआ! शादी तो करनी ही है हमने उसकी। इससे अच्छा वर कहाँ ढूँढ़ पाएँगे?' लुभाया लाला को हाँ बोल चुका था।

बहुत बहस-मशवरे के बाद आखिर झुमकी ही लुभाया का कर्ज उतारने का साधन बनी। एक मन्दिर में लाला के साथ सात फेरे ले वह ललाइन बन गई। साथ ही लुभाया के भी दिन फिर गए।

झुमकी ललाइन तो बन गई थी लेकिन थी तो छोटी ही। अपने घर में तो खुला वातावरण था लेकिन यहाँ था बन्धन। ऊपर से लाला का शक्की स्वभाव। घर के बाहर वह कदम भी रखती तो लाला आँखों ही आँखों में निगल जाता उसे।

लाला की दोनों बेटियाँ भी उसी की हमउम्र थीं। उनको खेलते-कूदते देख झुमकी का भी मन करता कि वो भी उनके साथ खेले लेकिन कैसे? लाला से वह डरती भी कम न थी। लाला का परिपक्व और अमानवीय प्यार प्रदर्शन उसके कोमल मन को बार-बार आहत कर जाता।

एक दिन लाला दुकान का सामान लेने बाजार गया था तो झुमकी को मौका मिल ही गया। दोनों बेटियों के साथ वह बाहर आँगन में खेलने लगी। उसकी बुरी किस्मत कि लाला उस दिन जल्दी आ गया। वहीं से चोटी पकड़कर उसे अन्दर ले गया और मारना आरम्भ किया। उस दिन पहली बार लाला का हाथ झुमकी पर उठा था।

और फिर तो ये आए दिन की बात हो गई। अब तो वह जरा सा जोर से भी हँस देती तो भी लाला के तन-बदन में आग लग जाती।

अब कल ही की बात लो। लाला की बड़ी बेटी अपने पति और बच्चों के साथ आई थी। उसके पति बहुत ही मजाकिया

स्वभाव के हैं। यों तो झुमकी से उम्र में काफी बड़े थे लेकिन उनसे हँसी-मजाक करना लाला को अखर गया और उनके जाते ही लाला छड़ी लेकर झुमकी पर पिल पड़ा। मारता जाता और साथ में गालियाँ सुनाता जाता।

'बहुत जवानी चढ़ी है तुझे। जब देखो खी-खी। पराए मर्द से मजाक करने में शर्म नहीं आती तुझे?' और ऐसी ही न जाने कितनी बातें। लाला मारते-मारते थक गया लेकिन झुमकी के मुँह से चूँ तक न निकली। थक-हारकर लाला ने छड़ी एक ओर फेंक दी और अब अश्लील गालियाँ देने लगा। झुमकी ने कुछ सुना कुछ नहीं। जो सुना उसे भी सुनकर अनसुना कर दिया।

झुमकी अब धीरे-धीरे लाला की बातों को अनसुना करना सीखने लगी थी। अब वह जान-बूझकर वही काम करती जो लाला को बुरा लगता। लेकिन कभी-कभी वह अचानक ही गुमसुम हो जाती। ऐसे कि जैसे उसका सब कुछ लुट गया हो। कभी अचानक ही जोर-जोर से हँसने लगती तो कभी जोर-जोर से रोने लगती। उसकी इस हरकत पर लाला उसे और मारता।

झुमकी को जब पता चला कि वह माँ बननेवाली है तब तक चार माह बीत चुके थे। पाँच महीने और भी बुरे गुजरे। बचपन खो चुकी झुमकी जिसे अपने पिता से भी अधिक उम्र के व्यक्ति से विवाह करना पड़ा था, अपना सन्तुलन खो रही थी। इसी अवस्था में झुमकी ने एक पुत्र को जन्म दिया। लाला खुश था। आखिर झुमकी ने उसे वारिस दे दिया था, लेकिन झुमकी! वह तो समझ भी नहीं पा रही थी कि उसे हुआ क्या है। अभी उम्र ही क्या थी उसकी? सत्रह वर्ष भी पूरी न थी।

धीरे-धीरे झुमकी की ये स्थिति हो गई कि वह बच्चे को भी अपना न समझती। लाला की बेटियाँ ही उसे सँभालतीं। लाला चिन्तित हो उठा। वारिस तो उसे मिल गया था लेकिन उसे पालेगा कौन? बेटियाँ तो कल विवाह होकर अपने-अपने घर चली जाएँगी। ज्यादा से ज्यादा चार-पाँच वर्ष ही तो वो साथ रहेंगी।

अगर झुमकी की यही स्थिति रही तो लाला फिर हो जाएगा अकेला। पागल पत्नी, चार-पाँच साल का बेटा और अकेला लाला। ये सोचकर ही लाला के होश उड़ गए।

और इसी घबराहट में लाला आजकल फिर ऐसे कर्जदार की तलाश में है जहाँ कोई बेटी हो और लाला बाप-बेटी दोनों का उद्धार कर सके। झुमकी की हालत दिन-प्रतिदिन बिगड़ती जा रही है और उसी गति से लुभाया पर कर्ज का बोझ भी।

कतरा-कतरा मौत

गर्मियों की चिलचिलाती धूप में पसीना बहाती कुन्ती सिर पर धोती का छोर बाँधे खेतों में कटाई कर रही थी। हाथ में पकड़ी हंसिया बार-बार पसीने से तर हो जाती। पसीना पोंछने के उपक्रम में कुछ मिट्टी भी धोती से चिपक गई थी। धोती का वास्तविक रंग क्या था यह तो पता ही न चलता। और उस धोती पर भी जगह-जगह गाँठें लगी हुईं। जहाँ धोती फटती, वहीं कुन्ती गाँठ बाँध लेती। गिन चुनकर पहले दो-तीन ही तो धोतियाँ थीं उसके पास। एक को तो शादी-ब्याह में जाने के लिए भी सुरक्षित रखना पड़ता।

पर जब से उसका पति मंगसीरू दिल्ली गया है, तब से उसका जीवन भी थोड़ा सा बदल गया है। दो-चार साड़ी तो ले ही आया है वो उसके लिए। लेकिन खेतों में मजदूरी करते समय तो उन्हें पहन नहीं सकती।

उफ्फ! कितनी गर्मी है! आसमान से तो मानो आग बरस रही है। अभी से ये हाल है तो बाद में क्या हाल होगा? कुन्ती का गला सूख आया। छोटे-छोटे सीढ़ीनुमा खेत लेकिन आसपास कोई पेड़ नहीं, कुन्ती का मन हुआ थोड़ी देर कहीं छाँव में बैठ दो घूँट पानी पी ले।

पर छाँव नसीब न हुई। प्लास्टिक की एक बोतल में पानी भर लाई थी कुन्ती, जो अब उबलने की सी स्थिति में पहुँच गया था। यह प्लास्टिक की बोतल पिछले ही महीने मंगसीरू ने लाकर दी थी उसे। कह रहा था इन बोतलों में पानी बिकता है शहर में। सुनकर वह फिक्क से हँस दी थी।

'पानी! ये भी कोई बिकने की चीज है भला!'

'अरे! तू क्या जाने क्या-क्या होता है शहर में?' और उसकी आँखों में चमक आ गई। न जाने क्यों उसकी आँखों की ये चमक कुन्ती को बहुत डरावनी लगी। कहीं उसका मंगसीरू खो न जाए शहर की चकाचौंध में।

कुन्ती ने दो घूँट पानी से अपनी जिह्वा व गले को तर किया और फिर गेहूँ काटने लगी। इस बार तो फसल भी अच्छी हुई थी। मंगसीरू यहाँ होता तो वह दो-चार खेत और बँटाई पर ले सकते थे। लेकिन उसे तो न जाने क्या सूझी शहर जाकर नौकरी करने की वहाँ किसी बड़ी कोठी में नौकरी कर रहा है। मंगसीरू गाँव में था तो एक नहीं दो-दो परिवारों के पूरे-पूरे खेत बँटाई पर ले लेते थे दोनों।

पन्द्रह वर्ष की थी जब कुंती इस घर में ब्याह कर आई थी। घर में थे ससुर और दो छोटे देवर। सास की मृत्यु बहुत पहले हो चुकी थी। दो बेटियाँ थीं, उनका भी विवाह हो चुका था। घर में कोई औरत न रही तो मंगसीरू का विवाह कर दिया। वह तब बीस बरस का था।

यों तो सुमेरपुर ठाकुरों का गाँव था पर गाँव के एक कोने पर कुछ नीची जातियों के मकान भी थे। इन लोगों के पास अपनी जमीनें तो थीं नहीं इसलिए ठाकुरों के खेतों में ही मजदूरी करते थे।

यों तो पहाड़ के नजरिए से देखने पर सुमेरपुर ठीक बड़ा गाँव था। चालीस-पचास परिवार ठाकुरों के और दस-पन्द्रह परिवार नीची जाति के। कुल मिलाकर चहल-पहल रहती गाँव में, लेकिन पिछले कुछ वर्षों से जो पलायन का दौर आरम्भ हुआ। उसने पूरे गाँव को सूना कर दिया। अच्छे पैसेवालों के बच्चे जो एक बार पढ़ाई के बहाने से शहर गए, फिर गाँव न लौटे। वृद्ध माता-पिता जब असहाय हो गए

तो वह भी बच्चों के साथ ही चले गए। बस अब ये लोग छुट्टियों में पिकनिक मनाने की तरह ही गाँव आते या बीच-बीच में बँटाई पर दिए अपने खेतों का हिसाब करने।

नीची जात में भी जिनके बच्चे पढ़ने में अच्छे थे, वे अपने परिश्रम और सरकार की सहायता से नौकरी तो पा ही गए थे। बस कुछ एक परिवार ही ऐसे थे जिन्हें गरीबी के इस दौर में पढ़ने को भी न मिल पाया नौकरी क्या खाक करते! जिनके बच्चे नौकरी लग गए थे उनका खर्चा बच्चों के भेजे गए मनीऑर्डर से ही चल जाता इसलिए उन्होंने भी मजदूरी करना छोड़ दिया था। एक समय था जब गरीब भूमिहीन परिवारों का खर्चा बड़ी मुश्किल से चल पाता। लेकिन अब तो स्थिति ये थी कि खेत ज्यादा है और मजदूर कम।

जिन घरों के बड़े-बूढ़े स्वर्ग सिधार गए हैं, उनके बच्चों को तो गाँव आने की फुरसत तक नहीं। खेत बंजर पड़े हैं तो उन्हें कोई फर्क नहीं पड़ता। लेकिन जहाँ बड़े-बूढ़े जिन्दा हैं, वह खेतों का अपना मोह छोड़ नहीं पाते। भले ही वहाँ से कुछ न मिले लेकिन खेत बंजर न हो यही उनकी मंशा रहती है। और ऐसे ही कुछ खेतों का काम ले लिया था कुन्ती ने।

कितना समझाया था मंगसीरू को, मत जा गाँव छोड़कर बहुत खेत हैं, यहाँ अनाज उगाने को। दोनों मेहनत करते तो खूब अनाज पैदा होता। स्वयं के लिए तो पूरा होता ही, कुछ बिक भी जाता। कुन्ती ने सुना था कि अब तो पहाड़ का कोदा-झंगोरा भी शहरों में बिकने लगा है। ब्लॉक स्तर पर कई संस्थाएँ बन गई थीं जो इस सामान को खरीदकर ले जातीं।

कुन्ती के ब्याह को दस बरस हो चुके थे। इस बीच बहुत-कुछ घट गया। स्वयं भी वह दो बच्चों की माँ बन गई। ससुर स्वर्ग सिधार गए। मँझले देवर का ब्याह हो गया। देवरानी इतनी झगड़ालू थी कि दो दिन भी कुन्ती के साथ निर्वाह न कर पाई। हारकर कुन्ती को एक ही घर में दो चूल्हे करने पड़े। छोटा देवर घर से शहर भाग गया। अब वहीं किसी होटल में काम कर रहा है। कभी घर की याद आती है

तो चला आता है। आजकल वह अपना छोटा-सा ढाबा खोलने की तैयारी में है और कुन्ती उसका घर बसाने की। पच्चीस बरस का होने को आया और अभी तक घर नहीं बसा। यही चिन्ता कुन्ती को खाए जाती है। मंगसीरू यहाँ होता तो कितनी मदद मिलती उसे उससे।

मंगसीरू पहले तो ऐसा न था। गाँव में रहते हुए ही जितनी आमदनी हो जाती उससे सन्तुष्ट रहता। दोनों लोग मेहनत करते तो गुजारे लायक कमा ही लेते। दोनों ही मेहनती थे। इसलिए खूब सारे खेत बँटाई पर ले लेते और अब तो बँटाई क्या पूरी फसल के मालिक ही वही होते थे। लेकिन बुरा हो इस कुन्दन का, न जाने क्या-क्या सब्जबाग दिखाए कि वह दिल्ली जाने को तैयार हो गया। कुन्दन स्वयं एक कोठी में चौकीदारी करता। मालिक जब सेना में था तो बड़े चाव से उसने यह मकान बनाया था। दो बच्चे हैं। दोनों ही विदेश में रह रहे हैं। दो वर्ष पूर्व ही कर्नल साहब भगवान को प्यारे हुए तो उसकी पत्नी भी बेटे के पास अमेरिका चली गई और अब उसी कोठी की देखभाल कर रहा था कुन्दन। ऐसे ही कई कोठियाँ थीं जिनमें चौकीदार की आवश्यकता थी।

कुन्दन ने मंगसीरू को भी बड़े-बड़े सपने दिखाए।

'अरे यार, यहाँ कर क्या रहा है तू? चल मेरे साथ, मैं दिलाऊँगा तुझे काम। अरे, वहाँ जाकर तुझे पता चलेगा कि जिन्दगी होती क्या है! यहाँ तो कुछ भी नहीं है।'

बताते हुए कुन्दन की आँखें चमक उठतीं तो मंगसीरू की आँखों में भी कुन्दन के दिखाए सपने चमक उठते।

कुछ दिनों की हाँ-ना के बीच झूलता मंगसीरू अब आखिरकार कुन्दन के साथ दिल्ली आ ही गया और कुंती रह गई दो बच्चों के साथ अकेली। कहने को तो देवर-देवरानी उसी गाँव में थे, पर उनका तो जरा भी सहारा न था। कुन्ती तो बिल्कुल भी न चाहती थी कि उसका पति उन्हें अकेला छोड़ शहर चला जाए। उसे गए तीन वर्ष हो चुके थे। बड़ा बेटा चुन्नू तब चार वर्ष का था और छोटी बेटी मुनिया ढाई बरस की।

दिल्ली जाने के दो माह बाद ही मंगसीरू गाँव लौटा तो बौराया हुआ सा इनसान था।

'मैंने वहाँ सबको अपना नाम मंगलसिंह बताया है। मंगसीरू नाम पता नहीं क्यों रख दिया मेरा?' आते ही उसने कुन्ती के सामने एक धमाका सा किया।

'क्यों? इस नाम में क्या बुराई है?'

'अरे, कितना पुराना सा नाम लगता है मंगसीरू, ऐसे लगता है जैसे किसी महीने का नाम बोल रहे हो।'

ठीक ही तो कह रहा था मंगसीरू। पहले ऐसा ही तो होता था। जो बच्चा जिस महीने में पैदा हुआ उसका नाम उसी महीने के नाम पर रख दिया। मार्गशीर्ष महीने में पैदा होने के कारण ही उसका नाम मंगसीरू रखा गया था।

जिस कोठी में मंगसीरू को नौकरी मिली थी, उसके मालिक का कई शहरों में स्वयं का व्यवसाय था। पत्नी की मृत्यु हो चुकी थी और दोनों विवाहित बेटियाँ अमेरिका में रह रही थीं। मालिक स्वयं भी काम के सिलसिले में अधिकांशतः दिल्ली से बाहर ही रहता।

'जल्दी-जल्दी घर नहीं आ पाऊँगा मैं। अभी नई नौकरी है। कुछ दिन हो जाएँ, थोड़ा आमदनी का अन्दाजा लग जाए तो तुम लोगों को भी ले जाऊँगा वहीं। अंग्रेजी स्कूल में पढ़ेंगे मेरे चुन्नू और मुनिया।'

'क्यों? अभी तनख्वाह कितनी मिलेगी ये नहीं बताया क्या मालिक ने?'

कुन्ती को मंगसीरू की हर बात अजीब सी लग रही थी।

'अरे, तनख्वाह से क्या होता है? कुन्दन कह रहा था कि उससे ज्यादा तो और कमाई हो जाती है वहाँ।'

'और कमाई?'

'तू नहीं समझेगी। जब तेरे लिए ढेर सारा सामान घर वापस लाऊँगा तब समझ में आएगा तेरी।' मंगसीरू की आँखें चमक रही थीं।

उसके बाद मंगसीरू छह माह बाद आया था। हाँ, इस बीच उसकी एक चिट्ठी और एक-दो हजार रुपए का मनीऑर्डर जरूर आया था। पोस्टमैन ने जब पहली बार उसके हाथ में दो हजार रुपए रखे तो वो बौरा गई। कहाँ रखे इतने पैसे और क्या करे? उसे तो उन्हें गिनना भी नहीं आता था। उसने पैसे-टके तो नहीं पर अनाज खूब देखा था। उसी अनाज के बदले में अपने लिए सब कुछ खरीद लेती थी।

छह माह बाद मंगसीरू आया तो बिल्कुल ही बदला हुआ इनसान था। पैंट, कमीज, आँखों में काला चश्मा, पैरों में महँगे जूते, उसकी तो हर अदा ही निराली थी। और उसके सामने चूल्हा फूक रही थी, मैली-कुचैली धोती पहने कुन्ती।

'ऐसे कैसे रहती है तू? थोड़ा ढंग से रहा कर। अच्छे कपड़े पहन, क्रीम-पाउडर लगा। शहरों में देख कैसे टिप-टॉप बनकर रहती हैं लड़कियाँ।' और मंगसीरू ने अपने बैग से एक अच्छी-सी साड़ी और कुछ मेकअप का सामान निकाल उसके हाथ में रख दिया।

'कैसी बातें करते हो तुम भी? अच्छी साड़ी पहन, क्रीम-पाउडर लगाकर क्या खेत में काम करने जाऊँगी मैं!'

कुन्ती ने साड़ी और अन्य सामान सँभालते हुए कहा।

'तो कौन कहता है कि तू खेतों में काम कर? मैं कमाऊँगा तू ठाठ से खा। और फिर कुछ ही समय की तो बात है। तू भी चलना मेरे साथ शहर।'

'शहर तो जब चलूँगी तब चलूँगी। अभी तो घर में जो काम है उसे तो करना ही है। अपनी जड़ें इतनी जल्दी नहीं छोड़नी चाहिए।' कुन्ती के स्वर में कुढ़न स्पष्ट दिखाई दे रही थी। उसे अपना पति ही अनजाना, अनचीन्हा-सा दिख रहा था।

और उसके बाद तो मंगसीरू जितनी बार भी आया कुन्ती का अनजानापन बढ़ता गया। मंगसीरू के सिर पर तो साब के घर में समय-समय पर होनेवाली पार्टियाँ सवार रहतीं। पार्टी में आनेवाले मेहमान, उसमें बननेवाले पकवान और साथ में विदेशी महँगी दारू।

'कुन्ती, तू वहाँ होती तो देखती कि कैसे-कैसे कपड़े पहनती हैं आजकल की लड़कियाँ और कितना पैसा है लोगों के पास। ऐश करते हैं लोग ऐश!'

रात के घुप्प अन्धकार में भी कुन्ती पति की आँखों में चमक देख सकती थी।

'तू वहाँ होती तो देखती' ये शब्द तो मंगसीरू की जुबान से कई बार निकल जाते लेकिन पहले की भाँति 'तुझे भी वहाँ ले चलूँगा' के बोल न फूटते। उसकी आँखों की चमक के आगे बच्चों को अंग्रेजी स्कूल में पढ़ाने की इच्छा भी धूमिल होती जा रही थी। हाँ, लेकिन जब भी वह घर आता बच्चों के लिए ढेर सारे कपड़े, खिलौने जरूर लाता। बच्चों को वह बेहद प्यार करता। बच्चे भी उसके एक बार जाने के बाद उसके वापस आने की बेसब्री से प्रतीक्षा करते।

'भाभी, कहाँ हो तुम? गजब हो गया। मैं तो कब से तुम्हें ढूँढ़ रहा हूँ।' देवर बिसेसर घबराया, पसीने से नहाया हुआ कुन्ती के पास आ खड़ा हुआ। कुन्ती का जी धक् से रह गया। पत्नी द्वारा किए जानेवाले कलह से डरकर बिसेसर तो कुन्ती से बात तक न करता। तीन बरस हो गए थे भाई को गए लेकिन बिसेसर ने कभी भाभी से ये न पूछा कि उसे कोई परेशानी तो नहीं। फिर आज ऐसा क्या हो गया कि ये यूँ घबराया-सा उसे तलाश रहा है।

'क्या हो गया देवरजी? क्यों पसीना-पसीना हो रहे हो?'

'भाभी, मैं पड़ोस के गाँव गया था।'

'तो?'

और उसके बाद बिसेसर ने जो बताया उसे सुनकर उसके तो होश ही उड़ गए।

उस गाँव में बिजली थी। बिजली थी तो कुछ पैसेवाले लोगों ने टेलीविजन भी लिया था। उसी में किसी ने मंगसीरू को देखा था। पुलिस वाले पकड़कर ले जा रहे थे उसे लेकिन नाम मंगलसिंह बता रहे थे। शक्ल तो हू-ब-हू मंगसीरू जैसी थी।

'कितना पुराना नाम है मंगसीरू? ऐसा लगता है किसी महीने

का नाम ले रहे हों। मैंने तो अपना नाम मंगलसिंह रख लिया है।' कुन्ती के कानों में पति के कहे ये शब्द गुंजायमान हो आए।

'लेकिन उसने किया क्या है? क्यों पकड़कर ले जा रहे थे उसे पुलिसवाले?' कुन्ती बौखला गई।

'ज्यादा तो नहीं पता लेकिन किसी खून-वून का मामला लगता है।' बिसेसर ने डरते-डरते कहा।

'खून! मंगसीरू जैसा आदमी किसी का खून कैसे कर सकता है? जरूर कोई गलतफहमी हुई है उन्हें।'

कुन्ती की आँखें आँसुओं से धुँधला आईं।

'मैं क्या बताऊँ भाभी, मैंने तो टी.वी. देखा नहीं। जो लोगों ने कहा वो सुन लिया और आपको बता दिया।'

अपने आपको किसी तरह सँभालती कुन्ती घर वापस लौट आई। मन में ढेरों चिन्ताएँ दुश्चिन्ताएँ उठ रही थीं।

एक मन कहता कि बिसेसर ने जो कुछ कहा वह झूठ है, दूसरा मन कहता कि आखिर आसपास के गाँव के लोग उसे पहचानने में भूल क्यों करेगे?

और अगले कुछ दिनों में जो घटा वह कुन्ती के लिए किसी दुःस्वप्न से कम नहीं था। कुछ ही दिनों में मंगसीरू के पकड़े जाने की बात पूरे क्षेत्र में आग की तरह फैल गई।

मंगसीरू और उसका मालिक एक घिनौने अपराध में पकड़े गए थे। अपराध भी ऐसा कि सुनो तो घृणा से रोंगटे खड़े हो जाएँ। कम उम्र की लड़कियों को कुकर्म के बाद मार डाल देने का आरोप था उन पर।

दरअसल जिस कोठी में मंगसीरू काम करना था, उससे थोड़ी ही दूर पर एक झुग्गी बस्ती थी। बस्ती के बच्चे पढ़ने लिखने तो जा न पाते यूँ ही इधर-उधर घूमा करते। ज्यादा ही हुआ तो उनमें से कुछ कूड़ा बीनने का काम कर लेते। वहाँ की लड़कियाँ एक-एक कर गायब हो रही थीं।

झुग्गी के बाशिन्दों ने जब आरम्भ में अपनी लड़कियों की

गुमशुदगी की रिपोर्ट लिखवानी चाही तो उन गरीब लोगों की किसी ने न सुनी बल्कि उल्टा डाँटकर भगा दिया। एक-आध लोगों ने दबे स्वर में बड़ी कोठी के मालिक की ओर इशारा किया तो उन पर तो पुलिसवालों का हाथ भी चल गया। आखिर कैसे सहन करते वो बड़ी कोठीवाले के विरुद्ध ये घृणित आरोप। वही बड़ी कोठीवाला, बड़े दिलवाला कई बार अपने यहाँ दावतों का आयोजन करता जिसमें शहर के सम्भ्रान्त और उच्च पदों वाले लोग एकत्रित होते। बड़ी कोठी वाले का आतिथ्य और उसकी पहुँच दोनों ही क्षेत्र में चर्चित थे। पुलिसवालों ने भी कई बार उसका नमक खाया था और उस नमक का कर्ज अदा करना उनका परम कर्तव्य था।

लेकिन पाप का घड़ा तो एक दिन फूटना ही था, सो फूटा। बगल के ही नाले में कई बच्चों की हड्डियाँ मिलीं। इनमें कुछ बड़ी जवान लड़कियाँ भी थीं जो बड़ी कोठी वाले के अतिथियों का मनोरंजन करने समय-समय आती रहतीं।

मालिक और नौकर दोनों पकड़े गए लेकिन सारा ठीकरा फूटा नौकर के सिर। मालिक ने साफ कह दिया कि उसकी कोठी में उसकी अनुपस्थिति में क्या हो रहा था, वह नहीं जानता। पुलिसवालों ने भी उसी का साथ दिया।

गाँव में भी पुलिस आई। कुन्ती से पूछताछ की। मंगसीरू के अतीत के बारे में पूछा लेकिन कुछ होता तो लोग बताते। खेतों में मजदूरी करनेवाला मंगसीरू कब शहर जाकर मंगलसिंह बन बैठा था, गाँववालों को तो इसका पता भी न था।

'वह ऐसा नहीं कर सकते साहब! वह तो अपने बच्चों को बहुत प्यार करते हैं तो फिर दूसरों के बच्चों के साथ ऐसा कैसे कर सकते हैं?' कुन्ती की आँखें धुँधला गईं।

लेकिन जब सब कुछ मंगसीरू के विरुद्ध था तो ऐसे में कौन सुनता उसकी। पुलिस आई और चली गई। मंगसीरू और उसके मालिक पर केस चला बलात्कार का, हत्या का और मालिक एक-एक कर सारे अपराधों से बरी होता गया।

तब से दो वर्ष हो चुके हैं। कुन्ती और उसके बच्चे गाँववालों के लिए अछूत हो चुके हैं। जिन लोगों के खेतों को कुन्ती ने बँटाई पर लिया था उन्होंने भी उससे खेत वापस ले लिये। कोई उसे मजदूरी भी नहीं देता। जैसे कि वही अपराधी हो।

कुन्ती ने बड़े बेटे को स्कूल में दाखिला दिला दिया था अब उसे भी वहाँ से निकाल दिया है। चुन्नू को स्कूल में बच्चे भी ताने देते तो मास्टरजी भी। कक्षा में उसे अलग बिठाया जाता। घर आकर चुन्नू रोता, माँ से कई सवाल करता।

'मेरे पिताजी ने क्या बच्चों को मारकर खाया है माँ? स्कूल में आज आशीष कह रहा था।'

माँ का सीना छलनी हो उठता। बच्चे का नन्हा-सा मन कैसे सहन करेगा इन आरोपों को? अब तो मंगसीरू के साथ वह अपराध भी जुड़ने लगे थे जो उसने किए ही नहीं। जितने मुँह, उतनी बातें। हारकर उसने चुन्नू को स्कूल से निकाल दिया। यहाँ अब पेट भरने के लाले पड़ गए थे बच्चों को कहाँ से पढ़ाती।

मंगसीरू को पिछले दो वर्ष से देखा भी न था उसने। चाहती थी कि उसे देखे। उससे मिले और पूछे कि क्या ऐसा किया भी है या अपने मालिक के कर्मों की सजा भुगत रहा है। बस एक बार यही पूछना चाहती थी वो मंगसीरू से। वह उससे 'ना' कह दे तो वह उसे माफ कर देगी। अदालत उसे कोई भी सजा दे पर ईश्वर के दरबार में अपने पति की माफी की अर्जी वह लगाएगी। लेकिन पहले एक बार वह उससे मिल तो सके। सुना था दिल्ली की सबसे बड़ी जेल में बन्द था मंगसीरू।

उसने गाँव में कई लोगों से विनती की कि एक बार कोई उसे दिल्ली ले जाए। अपने देवर से विनती की लेकिन किसी ने उसकी न सुनी। छोटा देवर तो इस घटना के बाद से गाँव ही न आया।

कुन्ती के सामने अब बच्चों का पेट पालने का संकट गहरा गया। जब घर में रखा अन्न समाप्त होने लगा तो उसने ग्राम प्रधान के आगे हाथ जोड़ दिए।

'मेरे बच्चे भूखे मर जाएँगे। मेरे पति ने जो किया उसकी सजा मेरे बच्चों को क्यों?' उसके आँसू निकल आए।

प्रधान पसीज गया। सरकारी योजना के तहत कुछ दिनों की मजदूरी दिलवा दी। कुन्ती ने राहत की साँस ली।

और तभी ये मनहूस खबर आई कि अदालत ने अपना निर्णय सुना दिया है। मालिक के विरुद्ध कोई सबूत न मिलने के कारण उसे छोड़ दिया गया और मंगसीरू को फाँसी की सजा सुनाई गई।

दो दिन बाद कुन्ती को इसकी खबर मिली। कुछ समय बाद फाँसी का दिन निर्धारित हो गया। कुन्ती की बेचैनी बढ़ चुकी है। एक बार पति से मिलने की इच्छा और प्रबल हो उठी है। लेकिन कैसे?

कुन्ती और उसके बच्चे तो अब घर से बाहर भी नहीं निकलना चाहते। जहाँ जाओ एक ही बात। कुन्ती को लगता है जैसे ये गुनाह उसके पति ने नहीं बल्कि स्वयं उसने किया है।

मंगसीरू ने अगर अपराध किया तो उसे सजा मिली लेकिन निरपराध कुन्ती को किस बात की सजा मिल रही है, यह सोचने-समझने को कोई तैयार नहीं है और कुन्ती है कि तिल-तिल मरने की सजा भुगत रही है।

दहलीज

अनुराधा आज बहुत प्रसन्न थी। बहुत दिनों से खुशियाँ जैसे इस घर से रूठी हुई थीं। कहीं से भी कोई ऐसा समाचार न मिलता जिससे जीवन में नवरस का संचार हों। एक समय के खुशहाल परिवार को जैसे किसी की नजर लग गई थी। लेकिन आज अनुराधा खुश थी और जानती थी उसकी ये खुशी संक्रमित होकर पूरे घर में फैल जाएगी। उसने घड़ी की ओर निगाह डाली, दो बज रहे थे। उसका शहर यहाँ से चार घंटे के रास्ते पर ही था। अगर 3 बजे वाली बस भी मिले तो 7 बजे तक वह अपने घर पहुँच सकती है।

'हाँ, यही ठीक रहेगा।' उसने सोचा और वहाँ से गुजरते एक ऑटोवाले को हाथ दिया। ऑटो तेजी से अन्तर्राज्यीय बस अड्डे की ओर दौड़ पड़ा।

दोनों ओर कहीं गगनचुम्बी इमारतें, तो कहीं बड़े-बड़े शोरूम और उनके बाहर खड़ी चमचमाती हुई स्वदेशी और विदेशी लग्जरी गाड़ियाँ। ऑटो की गति के साथ-साथ सब कुछ पीछे छूटता जा रहा था। ऐसा लग रहा था जैसे सब तीव्र गति से भाग रहा है।

दिल्ली है ही ऐसा शहर। यहाँ जब देखो हर कोई भागता-दौड़ता ही दृष्टिगोचर होता है। चैन से दो पल

थम जाना किसी को मंजूर नहीं। रुक गए तो जिन्दगी की दौड़ में पिछड़ जाने का डर सा बना रहता है सबके मन में। बस अड्डे तक पहुँचते-पहुँचते शहर की यही बेचैनी अनुराधा के तन-मन में भी व्याप गई। वहाँ पहुँची तो उसके शहर के लिए कोई बस न थी। वह प्रतीक्षा करने लगी। उसे बहुत प्रतीक्षा न करनी पड़ी। पन्द्रह मिनट बाद ही रोडवेज की एक बस आती नजर आई। अनुराधा ने चैन की साँस ली। बस न मिलती तो आज उसे यहीं रहना पड़ता, वह भी अनुकूल के किन्हीं रिश्तेदारों के घर पर। दिल्ली की सिटी बसों में सफर करना उसके वश का न था और ऑटो में बैठकर ऐसे लगता जैसे आसपास चलनेवाली सभी गाड़ियों का धुआँ उसकी साँसों के साथ उसके अन्दर तक समा गया हो।

अनुराधा बस में बैठ गई। थोड़ी ही देर में दिल्ली पीछे छूटने लगा लेकिन कंक्रीटों के जंगल ने बहुत दूर तक पीछा न छोड़ा था। जिस गति से बस दिल्ली को छोड़ आगे बढ़ रही थी, उसी गति से अनुराधा का मन भी पीछे की ओर दौड़ रहा था।

अनुराधा को वह दिन आज भी याद है जब बी.ए. अन्तिम वर्ष की पढ़ाई के दौरान उसने कॉलेज के वार्षिकोत्सव में भाग लिया था। बचपन से ही उसकी नृत्य में रुचि को देखते हुए स्कूल में उसकी संगीत व नृत्य की अध्यापिका ने उसकी मदद की। निम्न-मध्यवर्गीय परिवार में जन्मी अनुराधा अपने माता-पिता की पाँच सन्तानों में एक थी। भाई-बहनों में चौथी सन्तान अनुराधा को ईश्वर ने जैसे बहुत फुरसत से बनाया था। लगता था जैसे पाँचों भाई-बहनों में बाँटी जानेवाली खूबसूरती अकेले उसी के हिस्से में आ गई हो। भाई-बहनों के पुराने कपड़े पहनकर बड़ी होनेवाली अनुराधा कभी कुछ अच्छा पहन लेती तो राजकुमारी समान दिखती। उम्र बढ़ने के साथ-साथ अनुराधा को भी अपनी इस खूबसूरती का भान होने लगा था। और यही एहसास गर्व का भाव लेकर उसकी नस-नस में समा चुका था।

नृत्य करने का उसे छुटपन से ही शौक था। स्कूल में थी तो उसके बिना स्कूल का सांस्कृतिक कार्यक्रम अधूरा माना जाता।

प्रारम्भ में उसकी प्रतिभा को देखते हुए स्कूल की शास्त्रीय नृत्य की औपचारिक शिक्षा देने की भी बात कही लेकिन अनुराधा के माता-पिता इस स्थिति में न थे कि वह ऐसा कर पाते। उनके ना करने पर शिक्षिका ने ही स्वयं के ज्ञान के आधार पर उसे नृत्य सिखाना आरम्भ किया। अपने हाव-भाव व मुखमुद्रा से अनुराधा किसी भी नृत्य को जीवन्त बना देती।

और स्कूल से आरम्भ हुआ यह सिलसिला कॉलेज तक भी नहीं छूटा था। उम्र के साथ-साथ जहाँ उसके सौन्दर्य में भी निखार आया था वहीं निरन्तर प्रयास से उसकी नृत्य प्रतिभा भी निखर गई थी।

और ऐसे ही किसी समारोह में अनुकूल की निगाहें उस पर पड़ीं तो ठहरकर रह गईं। अनुकूल के पिता शहर के गण्यमान्य व्यक्तियों में थे। कॉलेज के वार्षिकोत्सव पर उन्हें बतौर मुख्य अतिथि आमन्त्रित किया गया। अपनी शिक्षा पूरी करने के पश्चात् इन्हीं दिनों अनुकूल ने पिता के व्यवसाय में हाथ बँटाना आरम्भ किया था। और उस दिन पिता के साथ वह भी कॉलेज के समारोह में भाग लेने पहुँच गया था। अनुराधा ने उस दिन सरस्वती वन्दना से लेकर लोकनृत्य, नृत्य नाटिका इत्यादि में भाग लिया था।

सरस्वती वन्दना में जहाँ उसने 'वर दे वीणा वादिनी' के सुर-ताल पर अपने नृत्य की छटा बिखेरी वहीं नृत्य नाटिका में राधा की भुवनमोहिनी भाव-भंगिमा से कृष्ण को रिझाया, राजस्थानी नृत्य में धानी रंग की ओढ़नी की छटा उसके सौन्दर्य को द्विगुणित कर रही थी।

अनुकूल तो अनुराधा के सौन्दर्य और इसकी नृत्य कला की भाव-भंगिमा को देख समाधिस्थ सा हो गया था। उसकी निगाह अनुराधा पर पड़ी तो वहीं अटक गई। वह तो ताली बजाना भी भूल जाता। अनुराधा की हर प्रस्तुति के पश्चात् उसकी तन्द्रा तब टूटती जब उसे तालियों की गड़गड़ाहट सुनाई पड़ती।

'पापा, मैं उस लड़की से विवाह करना चाहता हूँ।' घर आते ही

अनुकूल अपने मन की बात कहने से अपने आपको रोक न पाया।

'कौन सी लड़की?' पिता जान-बूझकर अनजान बन गए। मन ही मन समझ रहे थे कि किस लड़की की बात कर रहा है अनुकूल।

'वही जिसने सरस्वती वन्दना की थी।'

'कौन है वो लड़की?'

'मैं नहीं जानता। मैंने तो आज उसे पहली बार देखा।'

'नहीं जानते तो पता करो। यों बिना जाने-पहचाने विवाह करोगे क्या उससे?'

अनुकूल खुशी से उछल पड़ा। लेकिन उसकी यह खुशी तब काफूर हो गई जब अनुराधा की पारिवारिक पृष्ठभूमि को देखकर अनुकूल के पिता ने इस रिश्ते के लिए सिरे से इनकार कर दिया।

'क्या आप इसलिए मेरा विवाह अनुराधा से नहीं करना चाहते क्योंकि वह गरीब है। आपकी दहेज की अभिलाषा पूरी नहीं कर सकते?'

आरोप से पिता तिलमिला गए।

'मैंने कह दिया यह विवाह नहीं हो सकता। समाज में हमारा भी कुछ रुतबा है।'

'तो आप अपने रुतबे को अपने पास रखिए। अनुराधा से विवाह कर अलग रह लूँगा। कहीं नौकरी कर अपने लिए रोजी-रोटी का प्रबन्ध कर लूँगा।'

पिता को अपना दिल बैठता सा लगा। अनुकूल से ऐसे उत्तर की आशा न थी उन्हें। समझ गए गुस्से में बात बिगड़ सकती है। प्यार से ऊँच-नीच समझाना आरम्भ किया। अपनी बिरादरी, मान-सम्मान की दुहाई दी। लेकिन अनुकूल टस से मस न हुआ।

बेटे की जिद ने आगे पिता ने घुटने टेक दिए। लेकिन मन से तैयार न हो पाए। अनुकूल से बड़े दोनों बेटों का विवाह वह अपनी बराबरी के घरों में कर चुके थे। अनुकूल भाई-बहनों में सबसे छोटा होने के कारण माँ का लाडला था इसलिए थोड़ा जिद्दी भी था।

शहर के प्रतिष्ठित घराने से अनुराधा के लिए रिश्ता आया तो उसके माता-पिता बौरा गए। उनके घर में तो ऐसे मेहमानों को बिठाने

के लिए जगह तक न थी। उनके घर की हालत देख अनुकूल के पिता ने सिर पीट लिया। कैसे कर पाएँगे ये लोग उनकी प्रतिष्ठा के अनुसार ब्याह। लेकिन हल तो निकालना ही था। लड़कीवालों का खर्चा भी स्वयं ही उठा लिया। अनुराधा के सपनों को तो जैसे मजबूत पंखों की उड़ान मिल गई। मुख पर गर्वीली मुस्कान ठहर गई। वह अब अपने आपको घर में सर्वश्रेष्ठ समझने लगी थी।

शुभ मुहूर्त में अनुराधा अनुकूल की संगिनी बन अपनी ससुराल आ गई। विवाह समारोह की भव्यता देख अनुराधा के परिवारवालों की आँखें तो फटी रह गईं। वह तो इस चकाचौंध से इतना घबरा गए थे कि उपेक्षित से समारोह स्थल के एक कोने में बैठे रह गए।

और अनुराधा, वह तो दुल्हन के वेश में आसमान से उतरी परी के समान लग रही थी। स्वर्णाभूषणों और जरीदार वस्त्रों से लदी-फँदी अनुराधा स्वयं को किसी राजकुमारी से कम न समझ रही थी।

अनुराधा ससुराल आ गई। अनुकूल को तो जैसे मन-माँगी मुराद मिल गई। अपना पूरा मन उड़ेलकर रख दिया उसने अनुराधा के पास। इस प्यार से अनुराधा अभिभूत हो उठी लेकिन फिर भी मन के किसी कोने में एक फाँस गड़ गई थी। अनुकूल का संयुक्त परिवार था। उसकी माँ व दोनों भाभियाँ उन्हीं के समान समृद्ध परिवार से थीं। बहनें भी अपनी बराबरी के परिवारों में ब्याही थीं। कुछ तो ईर्ष्यावश और कुछ स्वभावानुसार दोनों भाभियों को अनुराधा फूटी आँख न सुहाती।

रूपगर्विता अनुराधा को यह उपेक्षा बहुत बुरी लगती। घर-परिवार के रीति-रिवाज आदि को लेकर भी उसे ताने सुनने पड़ते।

'तुम क्या जानो बड़े घरों के रिवाज, तुम्हारे घर में तो ऐसा होता न होगा।' एक दिन बड़ी भाभी ने कह दिया तो अनुराधा ने मुँह फुला लिया। इन्हीं सभी छोटी-मोटी बातों को लेकर घर में तनाव चलता रहता। अनुराधा से विवाह करने पर माता-पिता भी अनुकूल से बहुत प्रसन्न तो थे नहीं, इसलिए बड़ी बहुओं का ही पक्ष लिया जाता।

'मैं अब इन लोगों के साथ नहीं रह सकती।' अनुराधा ने एक

दिन ऐलान कर दिया। जानती थी अनुकूल उसकी बात न टालेगा।

अनुकूल ने पिता से बात की। अनुकूल की बात सुन पिता को धक्का तो लगा लेकिन रोज-रोज की कलह से तंग आ उन्होंने भी बँटवारा कर दिया। अनुराधा अब खुश थी। उसका अनुकूल सिर्फ उसका था और वह अपने घर की रानी थी।

सात-आठ वर्ष बीत गए। अनुराधा अब दो बच्चों की माँ बन चुकी थी। लेकिन शरीर के लावण्य में कोई कमी न आई थी। अनुकूल ने तो उसके लिए कभी कोई कमी न होने दी। नौकरों-चाकरों से घिरी अनुराधा को अब अपने मायके जाना भी न भाता। वहाँ ऐसी सुख-सुविधाएँ तो थी नहीं। माता-पिता, भाई-बहनों को अनुराधा का ये बड़प्पन अच्छा न लगता लेकिन वह कर भी क्या सकते थे।

लेकिन यह सब सदा न रह पाया। एक दुर्घटना में बुरी तरह घायल अनुकूल की जान तो बच गई लेकिन सिर की अन्दरूनी चोट के प्रभाव से वो बच न पाया।

बुद्धि क्षीण होने लगी। जहाँ-तहाँ चक्कर खाकर गिर पड़ता। अनुकूल के पिता पहले ही स्वर्ग सिधार चुके थे और दोनों भाई अपनी गृहस्थी और व्यापार में व्यस्त थे। इस समय उसकी सहायता करनेवाला कोई न था।

अनुकूल की बीमारी का असर अब उसके व्यापार पर भी पड़ने लगा। कुछ दिनों तक तो पिछले वर्षों की बचत से घर और व्यापार चलता रहा लेकिन अब समस्याएँ सिर उठाने लगी थीं। अनुकूल के इलाज पर भी काफी पैसा खर्च हो रहा था लेकिन कुछ खास सुधार होता न दीखता था।

आरामतलब और खुला खर्च करनेवाली अनुराधा के लिए ये आघात वज्र समान था। अभी तक तो उसे कठिनाइयाँ झेलने की आदत ही न थी। अनुकूल बीमारी और परेशानियों के चलते चिड़चिड़ा हो गया था तो अनुराधा से भी ये स्थिति सहन न होती। और दोनों के चिड़चिड़ेपन की गाज गिरती दोनों बच्चों पर। घर का माहौल

तनावपूर्ण हो चला था।

और ऐसे समय ने उन्हें सहारा दिया अनुकूल के मित्र अभिषेक ने। अभिषेक अनुकूल का बचपन का मित्र। अनुकूल की भाँति सम्पन्न परिवार से तो न था लेकिन बुद्धि-चातुर्य में अनुकूल से कई कदम आगे। पढ़ाई पूरी करने के उपरान्त नौकरी करने के स्थान पर उसने स्वयं के व्यवसाय का रास्ता चुना। बातें उसकी ऐसी मनमोहक और अपना काम निकालने का ऐसा चातुर्य कि किसी भी विभाग में उसका कोई काम न रुकता। इसी के चलते कम ही समय में उसने अपने व्यवसाय को ठीक-ठाक स्थापित कर लिया।

अनुकूल के बिखरते व्यवसाय को सँभालकर उसकी साख का इस्तेमाल कर अपना व्यवसाय बढ़ाने का अभिषेक के लिए ये अच्छा मौका था। वह समझ रहा था कि अनुकूल के लिए अपने व्यवसाय को चला पाना अब सम्भव न था और ऐसे में उसने अपने साथ लिया अनुराधा को।

'भाभी, आप पढ़ी-लिखी हैं, समझदार हैं आप क्यों नहीं अनुकूल की मदद करतीं?' एक दिन उसने अनुराधा से कहा तो अनुराधा के मन की सुप्त आकांक्षाएँ जाग्रत् हो उठीं।

उसे याद आया उसके नृत्य के कारण कितने लोग उसे घेरे रहते थे। वह चाहती तो उसी को आगे कर अच्छा नाम कमा सकती थी। लेकिन छोटी उम्र में ही विवाह होने के बाद वह तो सब कुछ गँवा बैठी। यद्यपि अनुकूल ने उसे कोई कमी न होने दी और उसे रानी बनाकर रखा लेकिन इसमें उसके स्वयं के अस्तित्व का क्या हुआ? उसकी प्रतिभा का क्या हुआ? वह तो अब एक सामान्य गृहिणी बनकर रह गई।

नृत्य तो अब इतने वर्षों से बिसरा ही चुकी थी लेकिन क्या अब पति का व्यवसाय सँभाल वह अपने अस्तित्व को पुनर्जीवित कर सकती है? यह विचार बार-बार उसके मन में आता।

अनुकूल ने कभी अनुराधा को लेकर इस तरह न सोचा था। उसने तो यही चाहा था कि अपनी योग्यता का प्रमाण अनुराधा अपने

घर, अपने बच्चों की परवरिश में दे। और अनुराधा भी इस व्यवस्था से नाखुश रही हो, ऐसा उसे कभी न लगा। तो क्या अब वह उसे इजाजत दे दे कि वह व्यवसाय सँभाल ले।

अभिषेक के बार-बार कहने पर अनुराधा का मन भी अब इस ओर झुकने लगा। उसने अनुकूल से अनुनय-विनय कर आखिर इसकी इजाजत ले ही ली।

अनुराधा घर की दहलीज से बाहर निकल आई। अभिषेक और अनुकूल दोनों ही उसे उसके काम में सहायता करते। लेकिन बहुत मेहनत के बाद भी काम ठीक से आगे न बढ़ पाया था। बस किसी तरह गृहस्थी की गाड़ी खिंच रही थी। अनुराधा अब धीरे-धीरे हताश होने लगी थी।

और इन्हीं दिनों अभिषेक ने उन्हें एक पार्टनरशिप में एक नए व्यवसाय का सुझाव दिया।

'क्यों न हम निर्यात का व्यवसाय करें?'

'लेकिन किस चीज का निर्यात? ऐसा कौन सा उत्पाद है हमारा, जिसका निर्यात किया जा सके?'

'यहाँ का हैंडीक्राफ्ट। तुमने देखा आस-पास के गाँवों में महिलाएँ बेंत, सन इत्यादि से कितने सुन्दर-सुन्दर उत्पाद बनाती हैं। बस उन्हें थोड़ा सा प्रोत्साहन देना होगा, उनके उत्पाद को निखारना होगा और हो गया हमारा उत्पाद तैयार। विदेशों में तो बहुत माँग है हैंडीक्राफ्ट की।' अभिषेक उत्साहित था।

'और फिर भाभीजी आप महिला हैं, कलाक्षेत्र से हैं। उन उत्पादों में आप अपनी कल्पना के रंग भरिए आप देखिए हम कितना सफल होते हैं।'

अनुराधा को ये काम अच्छा लगा। उसके मन के अनुरूप भी था और ऊपर से अभिषेक ने इतने सब्जबाग दिखाए कि अनुराधा का मन कुलाँचें भरने लगा।

और आज उसी कम्पनी के निर्यात का लाइसेंस लेने अनुराधा अभिषेक के साथ दिल्ली आई थी। पहले अनुकूल को भी साथ आना

था लेकिन अस्वस्थता के चलते वह न आ पाया।

अनुराधा को अभिषेक का यह आचरण अजीब सा लगा, जब कार्यालय में अभिषेक ने बात करने के लिए उसे आगे कर दिया। यों तो वह इस व्यवसाय में अभिषेक की पार्टनर थी और औपचारिकताएँ पूर्ण करने उसे वहाँ पर उपस्थित होना आवश्यक था। लेकिन फिर भी उसे लगा कि अभिषेक को ही अधिकारियों से बात करनी चाहिए थी।

अपने मन के संशय को उसने ये सोचकर दूर किया कि शायद अभिषेक उसे ऑफिस और काम के तौर-तरीके सिखाना चाहता हो।

इन्हीं सब यादों में खोई अनुराधा कब अपने घर पहुँच गई, उसे समय का एहसास ही न हुआ। अनुराधा की खुशी से अनुकूल भी खुश हुआ। बहुत समय के बाद घर में खुशी का एक पल आया था। 'ईश्वर करे अनुराधा को सफलता मिले।' उसने मन ही मन भगवान से प्रार्थना की। वैसे भी अपनी ये स्थिति होने के बाद उसे सिर्फ ईश्वर पर ही भरोसा था।

अभिषेक के पूर्वानुमान को सही साबित करता हुआ ये व्यवसाय खूब फला-फूला। जैसे-जैसे व्यवसाय बढ़ता गया वैसे-वैसे अनुराधा व्यस्त रहने लगी और अनुकूल उपेक्षित।

अनुराधा का अधिकांश समय अपने व्यवसाय को सँजोने में ही जाता। अभिषेक से उसकी मुलाकातें बढ़ने लगी थीं। काम के चलते उसे अक्सर घर से बाहर रहना पड़ता।

आरम्भ में तो अनुकूल कुछ न बोला लेकिन जब बच्चों की उपेक्षा होने लगी तो दबी जुबान से उसने विरोध करना शुरू किया। लेकिन अनुराधा पर तो सफलता का नशा चढ़ चुका था।

हर दूसरे महीने होनेवाले देश-विदेश के दौरे, नए-नए लोगों से परिचय, अनुराधा के तो पैर ही जमीन पर न थे। अनुकूल की बात उसे कहाँ सुनाई देती। उसके कानों में पड़ते अभिषेक के तारीफ भरे स्वर, व्यापार सम्बन्धित इष्ट-मित्रों के स्वर जो अनुराधा की प्रशंसा के

पुल बाँध देते।

'भाभी! आपके हाथ में तो पारस है। पत्थर भी छू लेती हैं तो सोना हो जाता है।' कहते-कहते एक दिन अभिषेक ने अनुराधा के दोनों हाथ अपने हाथ में ले लिये।

'भाभी, आप जिससे भी मिल लो वो काम होना तो पक्का ही समझो। आप नहीं जानतीं कितनी भाग्यशाली हैं आप मेरे लिए।'

और ऐसी ही न जाने कितनी बातें। अनुराधा अभिभूत हो उठती। गर्व, जिसने अब अभिमान का रूप ले लिया था, से कन्धे और ऊँचे उठ जाते, गर्दन तन जाती।

ढाई-तीन वर्ष पंख लगाकर उड़ गए। व्यापार में इजाफा हुआ तो पैसा भी बरसने लगा। अनुराधा ने कभी अभिषेक से हिसाब न माँगा। हिसाब-किताब उसे आता भी न था। यों भी अभिषेक ने कोई कमी न की थी उसके लिए। आँख मूँदकर जहाँ वह कहता वहाँ हस्ताक्षर कर देती।

अनुकूल की शिकायतें बढ़ीं तो अनुराधा ने दोनों बच्चों को हॉस्टल में डाल दिया। कुछ तो काम न कर पाने की कुंठा और कुछ बीमारी ने अनुकूल की स्थिति को और बुरा कर दिया। अनुराधा की स्वच्छन्दता अब उसे खलने लगी थी। कभी-कभी तो उसे अभिषेक पर भी शक होता। उसे शंका होती कि कहीं वह अनुराधा को इस्तेमाल तो नहीं कर रहा?

मन में कई तरह के विचार आते। अभिषेक यों तो उसके बचपन का मित्र था लेकिन जिस तरह से अचानक ही उसने इतना बड़ा व्यापार स्थापित कर लिया था, उसके कार्यकलापों पर शंका ही होती।

अभिषेक और अनुराधा अक्सर बाहर साथ-साथ जाते। आरम्भ में तो अनुकूल को अनुराधा का घर से बाहर निकलना व्यापार की आवश्यकता लगता लेकिन अब उसे महसूस होने लगा था कि अनुराधा घर से बाहर निकलने के बहाने तलाशती है। अभिषेक के साथ बाहर जाने की बात सुनते ही उसका चेहरा चमक उठता। आँखें

मुस्कराने लगतीं। अनुकूल मन ही मन कुढ़ उठता, कैसे-कैसे खयाल मन में आने लगते। अनदेखा-अनजाना सा कुछ बन्द आँखों में सपना बनकर समा जाता। अनुकूल घबराकर आँखें खोल देता। क्या अनुराधा और अभिषेक करीब आ रहे हैं? अभिषेक एक चतुर खिलाड़ी है। अनुराधा उसकी बातों से प्रभावित हो जाती है। उसके विरुद्ध कुछ भी सुनने को तैयार नहीं वह।

'अनुराधा, तुम जानती हो तुम्हारे व्यवसाय में कितना लाभ हो रहा है?' एक दिन अनुराधा को अच्छे मूड में देख अनुकूल ने पूछ लिया।

'नहीं, ये हिसाब तो अभिषेक ही रखते हैं। मुझे तो सिर्फ ये पता है कि बिजनेस अच्छा चल रहा है।' अनुराधा का स्वर उत्साह से भरा था।

'लेकिन तुम्हें हिसाब-किताब देखना तो चाहिए!'

'क्यों? अभिषेक पर पूरा भरोसा है मुझे।'

'खुली आँखों का अन्धापन ठीक नहीं अनुराधा। अभिषेक बहुत चतुर है। तुम्हें देखना चाहिए।'

'तुम्हें तो न जाने क्या प्रॉब्लम है उससे? घर बैठे-बैठे यूँ ही परेशान होते हो तुम।'

और अन्ततः ये बहस झगड़े पर समाप्त हुई। अनुराधा पैर पटकती घर से बाहर निकल गई।

जब भी अनुकूल अभिषेक को लेकर कोई बात कहता, उसका हश्र यही होता। अनुराधा अभिषेक के विरुद्ध कुछ न सुन पाती। अब तो उसे अनुकूल से अधिक अभिषेक पर भरोसा था।

दो-तीन वर्ष और बीत गए। अनुराधा अब घर में मेहमान बनकर ही आती। या यों कहें कि उसका घर आने का मन न करता। लोग घर में रहने का बहाना ढूँढ़ते हैं वह घर से बाहर रहने का बहाना ढूँढ़ती। अभिषेक भी अब अपने परिवार को दिल्ली ले गया था। यहाँ से अपना पूरा व्यवसाय समाप्त कर दिया था उसने। बस एक पैतृक घर था जिसमें उसके बड़े भाई व उनका परिवार रहता। माता-पिता भी उन्हीं के साथ रहते।

'क्यों न हम भी यहाँ छोड़कर दिल्ली ही चलें?' एक दिन अनुराधा ने अनुकूल से अपने मन की बात कह दी।

उसकी बात सुन अनुकूल अन्दर तक सुलग उठा लेकिन बोला कुछ नहीं। शान्तिपूर्वक दिल्ली जाने से मना कर दिया।

'लेकिन क्यों? वहाँ जाकर हम अपना पूरा ध्यान व्यवसाय पर केन्द्रित कर सकते हैं। अभी तो बार-बार छोटे-छोटे काम के लिए दिल्ली जाना पड़ता है और ध्यान घर पर ही लगा रहता है।'

'तुम्हारा ध्यान! और घर पर!' अनुकूल के चेहरे पर विद्रूप भरी मुस्कान घिर आई।

'तुम्हें तो तब भी घर का ध्यान नहीं रहता जब तुम यहाँ पर रहती हो।'

अनुराधा एक बार फिर कुढ़ गई। लेकिन अब उसने घर आना और भी कम कर दिया। शायद एक फ्लैट खरीद लिया था उसने दिल्ली में।

अभिषेक आजकल एक नए व्यवसाय को आरम्भ करने की तैयारी में था। अब उसके साथ कुछ नए लोग और जुड़ गए थे। अनुराधा अब अपने आपको उपेक्षित महसूस करने लगी थी लेकिन अब तक वह अभिषेक पर इतनी निर्भर हो चुकी थी कि अपना काम स्वयं के बूते पर नहीं कर सकती थी।

आखिर एक दिन पुराना कारोबार बन्द हुआ। उसका जो भी पैसा था उससे नया कारोबार आरम्भ हुआ। नए कारोबार में अनुराधा और अभिषेक के अलावा दो और साझेदार हैं, ऐसा अनुराधा को बताया गया । कागजों पर ढेर सारे हस्ताक्षर करते हुए अनुराधा का मन गर्व से फूल उठा। अभिषेक पर अन्धविश्वास करनेवाली अनुराधा ने यह तक न देखा कि वह किन दस्तावेजों पर हस्ताक्षर कर रही है।

पुराना ऑफिस छोटा पड़ रहा था इसलिए नई जगह पर बड़ा ऑफिस लिया गया। ऑफिस में काम चल रहा था। अनुराधा इतने दिनों के लिए अनुकूल के पास चली आई।

'सुना है नया काम शुरू किया है?'

'हाँ, पुराने काम में ज्यादा फायदा नहीं था अब।'

'ऐसा अभिषेक ने कहा होगा?'

'फिर हो गए तुम शुरू। अभिषेक से इतनी चिढ़ क्यों है तुम्हें?'

'अच्छा छोड़ो, बताओ तो नई फर्म में कितने की पार्टनर हो?'

'मुझे क्या पता? अभिषेक ने ही सारे कागजात तैयार किए थे।'

'फिर तो भगवान ही मालिक है।'

'तुम फिर शुरू हो गए।'

बस यही कुछ बातचीत हुई दोनों के बीच और वह भी बहस और तकरार के साथ समाप्त हुई।

आरम्भिक कुंठाओं के पश्चात् अनुकूल भी सँभलने लगा था। माँ और भाइयों ने जब उसकी ये हालत देखी तो पहले-पहल तो अनुराधा के डर से किसी ने हस्तक्षेप न किया लेकिन बाद में जब अनुकूल को यों ही उपेक्षित पड़े देखा तो सभी ने उसकी मदद को हाथ बढ़ाया। अनुराधा के व्यवहार से आहत अनुकूल को आशा की एक किरण नजर आई।

भाइयों की मदद से वह अपने व्यवसाय को पुनर्जीवित करने के प्रयास में लग गया। अनुराधा से उसने जान-बूझकर इसका जिक्र न किया। जानता था कि बड़े-बड़े सपने देखनेवाली अनुराधा को उसका ये छोटा-सा प्रयास पसन्द न आएगा। अनुराधा जिस राह पर चल पड़ी थी उससे उसका वापस लौटना भी उसे मुश्किल ही लगता।

मानव-मन के लालच की भी कोई सीमा नहीं। एक समय था जब अनुराधा के पास कुछ न था। ऐसे घर में जन्म लिया था जहाँ बमुश्किल दो जून की रोटी ही मिल पाती। किस्मत ने पलटा खाया और वह अनुकूल की पत्नी बन सुविधासम्पन्न घर में आ गई। अनुकूल ने भी उसे कभी कोई कमी न होने दी लेकिन उसी अनुकूल की परिस्थितियाँ विपरीत हुईं तो अनुराधा ने मुँह फेर लिया। भूल गई उस समय को जो उसने अनुकूल के साथ बिताया था। जिस अनुकूल के नाम पर आज वह इन ऊँचाइयों पर थी, वही अनुकूल उसे आज नालायक, निकम्मा इनसान प्रतीत होता।

अनुकूल की भाभियाँ और माँ अनुराधा को कोसतीं लेकिन अनुकूल उन्हें चुप करा देता।

'उसने तो व्यवसाय चलाने की ही कोशिश की। अब इस कोशिश में वह बहुत आगे निकल गई तो उसका क्या कसूर! उसका काम ही इतना फैला हुआ है कि उसे फुरसत ही नहीं मिलती अब।' माँ के अनुराधा के विरुद्ध कुछ कहने पर अनुकूल ने शान्ति से जवाब दिया तो उन्होंने सिर पीट लिया।

'कैसा इनसान है अनुकूल तू? वह तुझे इतना दुख दे रही है और तू है कि फिर भी उसी की तरफदारी कर रहा है। तूने तो लगता है उसे माफ कर दिया लेकिन ईश्वर उसे कभी माफ नहीं करेगा। याद रखना बेटा, भगवान की लाठी में आवाज नहीं होती।' और उन्होंने अपने दोनों हाथ ऊपर की ओर उठा लिये।

अनुकूल जानता था माँ के मन की तड़प। क्या ये तड़प उसके मन में न थी? क्या वह नहीं जल रहा था अपनी ही आग में? ऐसा नहीं था। अनुकूल को जब भी बच्चों की याद आती वह तड़प उठता। अनुराधा के लिए उसे अफसोस होता। चिन्ता होती। वह अपनी चिन्ता प्रकट भी करता लेकिन अनुराधा पर कोई असर होता न दीखता था।

उसे उम्मीद थी कि अनुराधा एक दिन वापस अवश्य आएगी, और उसके मन की बात सच साबित हुई। अनुराधा वापस लौटी लेकिन किस हालत में।

इस बार अनुराधा दिल्ली गई तो शीघ्र ही वापस भी लौट आई। चेहरे का रंग उड़ा हुआ था। अनुकूल ने भी उसे अधिक कुरेदने की कोशिश नहीं की।

अनुराधा चाहती थी अनुकूल कुछ पूछे और अनुकूल अनुराधा के बोल फूटने की प्रतीक्षा कर रहा था। जानता था अनुराधा बहुत दिन तक चुप नहीं रह पाएगी।

उधर, अनुराधा हैरान थी, परेशान थी। अनुकूल चुप था। उसकी ये अनपेक्षित शान्ति अनुराधा के मन को बेचैन कर रही थी।

एक सप्ताह बीत गया। दोनों में कोई कुछ न बोला। अन्ततः

हारकर अनुराधा ने ही बात आरम्भ की।

'मैं सोच रही थी कि बच्चों को हॉस्टल से वापस बुला लूँ।'

'लेकिन उन्हें कौन रखेगा यहाँ पर? तुम तो चली जाओगी कुछ ही दिनों में वापस।' अनुकूल ने कनखियों से उसकी ओर देखा। लगा अनुराधा बहुत-कुछ कहना चाहती है।

'मैं नहीं जाऊँगी अब कहीं।' अनुराधा का स्वर किसी गहरे कुएँ से आता प्रतीत हुआ। गहरा नैराश्य भाव था उसके स्वर में।

'लेकिन क्यों?'

और उसके बाद अनुराधा ने जो कुछ बताया वो अनुकूल के लिए अप्रत्याशित न था।

यहाँ से जाने के बाद अनुराधा दिल्ली पहुँची तो ऑफिस तैयार था, लेकिन उसके लिए उसमें कोई कक्ष न था। अनुराधा ने अभिषेक से इसके बारे में पूछा तो वो मुस्करा दिया। लेकिन ये मुस्कान सामान्य न थी। कुटिलता के भाव थे उसके चेहरे पर।

'तुम्हें अब यहाँ आने की आवश्यकता नहीं।'

'मजाक कर रहे हो अभिषेक।' अनुराधा के स्वर लड़खड़ा गए।

'नहीं भाभी! मजाक नहीं कर रहा। अब आप इस काम में साझीदार नहीं हैं।'

अनुराधा को ऐसे लगा जैसे उसने कुछ गलत सुन लिया। सारा ऑफिस उसकी आँखों के आगे गोल-गोल घूमने लगा। उसने पास में रखी कुर्सी थाम ली।

दरअसल अभिषेक को अब अनुराधा की आवश्यकता न थी। अनुराधा के रूप, गुण और अनुकूल के नाम का वह जितना फायदा उठा सकता था उतना उसने उठाया। और जब उसे नए साथी मिल गए तब अनुराधा को दूध में पड़ी मक्खी की तरह निकला फेंका। अपनी अज्ञानता और अन्धविश्वास के कारण अनुराधा सभी दस्तावेजों पर भी हस्ताक्षर कर चुकी थी। कोर्ट जाने से भी कुछ साबित न होनेवाला न था।

अनुराधा रोई-गिड़गिड़ाई, धमकी भी दी लेकिन अभिषेक पर

कोई असर न हुआ। उसकी तो ये सोची-समझी चाल थी। और आखिरकार सब कुछ गँवाकर अनुराधा वापस लौट आई थी। इतने वर्षों की कमाई का ले-देकर एक फ्लैट था दिल्ली में, बस और कुछ नहीं।

ये सब बताते-बताते अनुराधा बुरी तरह से रो पड़ी। हिचकियों से उसका पूरा शरीर हिल रहा था। अनुकूल ने उसे चुप कराने का प्रयास नहीं किया।

अनुराधा रोती रही, सिसकती रही। थक गई तो स्वयं ही चुप हो गई। अनुकूल भी चुप था। इस वक्त कुछ भी कुरेदना नहीं चाहता था वो। न ही उसे याद दिलाना चाहता था कि कितनी बार उसने अभिषेक के प्रति उसे आगाह किया था? कितनी बार कहा था कि आगे बढ़ना बहुत अच्छा है लेकिन घर-परिवार को इस तरह तिलांजलि देकर नहीं।

अनुराधा को ये सब बातें अब याद नहीं आ रही थीं, ऐसा भी नहीं था। अभिषेक जब उसके साथ था उसने तब अनुकूल की एक न सुनी। इस ग्लानि से उसका चेहरा ऊपर न उठता।

अनुराधा की वापसी की खबर अनुकूल की माँ और भाभियों को मिली तो वो भी पहुँचीं अनुकूल को समझाने।

'अब क्यों आई है ये यहाँ? याद नहीं तुझे कैसी तेरी बीमारी में दुत्कार कर चली गई थी तुझे?'

अनुकूल चुप रहा। कुछ न बोला। बोलता तो बहस ही बढ़ती। क्या कहता उन्हें कि कुछ नहीं भूला वह। विवाह के पश्चात् अनुराधा का प्यार भी याद है उसे और अनुकूल की बीमारी की हालत में इस घर को बचाने के लिए किया गया उसका संघर्ष भी याद है।

उन्नति करने की चाह में यदि कुछ समय के लिए वो भटक गई तो क्या उसे उसकी इस गलती के लिए क्षमा नहीं करना चाहिए?

अनुराधा के कानों में भी ये बातें पड़ीं। क्या करेगा अनुकूल अब? उसकी आँखों के सामने बीता हुआ कल घूम गया। कितना प्यार करता था अनुकूल उसे। क्या कभी उसका बुरा चाह सकता था

वो? लेकिन ऊँची उड़ान के सपनों ने अब तो उसके पंखों को ही कतरकर रख दिया था। क्या करेगी वह? कहाँ जाएगी?

कुछ दिन और बीत गए। अनुराधा अनुकूल के जवाब की प्रतीक्षा में थी। बच्चों को हॉस्टल से वापस बुलाने के लिए भी उसने कुछ न कहा था। शायद वह उन्हें वापस लाना ही नहीं चाहता होगा। क्या पता वह उसे भी उसके मायके वापस भेज दे।

आज शाम के समय अचानक ही मौसम खराब हो गया था। बादलों और बिजली की चमक-कड़क ने वातावरण में भीषण शोर पैदा कर दिया। सुबह का गया अनुकूल अभी घर न लौटा था। अनुराधा बेचैनी से इधर-उधर टहल रही थी। जैसा तूफान घर के बाहर था, वैसा ही तूफान उसके अन्तर्मन में भी चल रहा था। अनुकूल ऊपर से तो शान्त ही नजर आता था लेकिन उसके मन में क्या चल रहा था, अनुराधा इससे पूरी तरह अनभिज्ञ थी।

बाहर गाड़ी के रुकने की आवाज आई तो अनुराधा ने लपककर दरवाजा खोल दिया। सामने अनुकूल खड़ा था और साथ में थे–दोनों बच्चे। ये क्या हो रहा है अनुराधा समझ न सकी।

'तुम्हें और बच्चों को दोनों को आश्चर्यचिकित कर देना चाहता था मैं। वरना तुम लोगों के चेहरे पर इतनी खुशी कैसे देख पाता?'

अनुकूल ने कहा तो अनुराधा की आँखें छलछला आईं।

'अब तो बिजनेस करना भी सीख गई हो। दोहरा काम करना पड़ेगा तुम्हें अब। बच्चों को भी सँभालो और मेरा भी काम सँभालो।' अनुकूल मुग्ध भाव से अनुराधा को निहार रहा था।

अनुराधा निहाल हो उठी। दोनों बच्चों को गले से लगा वो फफक पड़ी। घर की दहलीज पार करने का दंड वह भुगत चुकी थी।

बादल छँटने लगे थे और उनके बीच से झाँकता चन्द्रमा अपनी रोशनी बिखेर रहा था। ऐसी ही रोशनी का एक पुंज अनुराधा के जीवन में भी अपनी चमक बिखेरने को तत्पर था।

फिर जिन्दा कैसे

पहाड़ी ढलानों और चढ़ाइयों पर ऊबड़-खाबड़ रास्ते पर चलती हुई बस हिचकोले लेती तो सुनील का कलेजा मुँह को आ गया। खिड़की से सीधे नीचे देखो तो दो पहाड़ियों के बीच सर्पाकार बहती नदी दिखाई देती। सड़क इतनी सँकरी थी कि कई जगह लगता जैसे बस का एक पहिया ही सड़क से बाहर है। ड्राइवर की थोड़ी सी गलती से बस सीधे गहरी खाई में लुढ़कते हुए नदी में पहुँच जाती, यह खयाल मन में आते ही सुनील ने भय से आँखें बन्द कर लीं।

चक्करदार रास्तों पर चलते उसका स्वयं का सिर भी घूमने लगा था। मन ही मन सुनील अपने निर्णय को कोस रहा था। बिना कुछ सोचे-समझे इस अनजाने-अनचीन्हे से स्थान पर आने को कैसे तैयार हो गया था वह? मन करता बीच में ही कहीं बस से उतरकर वापसी की गाड़ी पकड़ ले लेकिन पता नहीं अब इस वक्त वापसी के लिए कोई वाहन मिलेगा भी या नहीं।

बस इस समय तेज आवाज करती चढ़ाई पर चढ़े जा रही थी। पूरे दो सौ कि.मी. दूर थी यह जगह उसके शहर से। शहरों में जहाँ दो सौ कि.मी. की दूरी तय

करने में चार-पाँच घंटे ही लगते थे वहीं पहाड़ों के चक्करदार रास्तों पर इसी दूरी को तय करने में सात से आठ घंटे लग जाते। और फिर बस चल भी सिटी बस की तरह रही थी। किसी भी मोड़ पर सवारी हाथ देती और ड्राइवर गाड़ी रोक लेता। शहरों की भाँति यहाँ थोड़े-थोड़े अन्तराल के बाद तो वाहन उपलब्ध होता नहीं था। यहाँ तो एक बस चली जाए तो दूसरी के लिए घंटों प्रतीक्षा करनी पड़ती है। ऐसे में यात्री उस समय उपलब्ध बस को छोड़ना पसन्द न करते। एक समय तो ऐसा आया कि जितनी सवारी बस के अन्दर थी उतनी ही छत पर। सुनील का डर अब और बढ़ गया। कैसे सन्तुलन बना पा रहा होगा ड्राइवर? बस इस बार वह ठीक-ठाक पहुँच जाए तो जब तक काम समाप्त न हुआ, तब तक घर वापस आने का नाम न लेगा।

वैसे भी घर में था कौन जो उसकी राह देखता। कई वर्षों पहले उसके परदादा अपना पुश्तैनी गाँव छोड़कर रोजी की तलाश में देहरादून आ बसे थे। जब तक दादा जीवित रहे कभी-कभी ब्याह-शादियों, पूजा इत्यादि में गाँव हो आते लेकिन बाद में तो वहाँ से सम्पर्क ही समाप्त हो गया था। जब सुनील के पिता की मृत्यु हुई तब वह मात्र दस वर्ष का था। पिता सरकारी नौकरी पर थे तो उनकी पेंशन से माँ घर का खर्चा चलाती रही। दो बेटियों और एक बेटे को पढ़ाया। दोनों बेटियों का विवाह किया। उनके परिवार के लोग भी बहुत पहले देहरादून आ चुके थे तो उन्होंने भी कभी पुश्तैनी गाँव न देखा था। सुनील को भी सिर्फ इतना ही पता था कि उसका गाँव टिहरी गढ़वाल में कहीं है। पर गाँव का नाम उसे पता न था। पहाड़ के नाम पर अगर उसने कुछ देखा था तो वह था मसूरी।

बी.ए. करने के बाद भी जब सुनील को कहीं नौकरी न मिली तो कुछ दोस्तों के कहने पर उसने ठेकेदारी में हाथ आजमाने का प्रयास किया। इसमें उसे छुटपुट सफलता भी मिली। पी.डब्ल्यू.डी. के ए क्लास ठेकेदार के साथ काम कर वह उसके काम किया करता। पिछले वर्ष माँ के गुजर जाने के बाद तो वह नितान्त अकेला हो गया

था। शहर में रहने का मन ही न करता। और ऐसे में ही जब उसे पौड़ी के सुदूरवर्ती गाँवों में सड़क बनाने का ठेका मिला तो इसे उसने अपनी जड़ों से जुड़ने का सुअवसर माना। और उसी का परिणाम था कि आज वह इस बस में बैठा था।

सुबह 8 बजे देहरादून से निकला सुनील दो-तीन बस बदलकर शाम 6 बजे अपने गन्तव्य तक पहुँचा, लेकिन वहाँ का नयनाभिराम दृश्य देख वह लम्बी राह की सारी थकान भूल गया। दुग्धधवल हिमाच्छादित चोटियाँ इतनी निकट लगतीं कि उन्हें हाथ बढ़ाकर छू लिया जाए। यों तो गर्मियों का मौसम था लेकिन यहाँ की हवाओं में हल्की सी ठंडक का आभास होता था।

सुनील की पहली रात पी.डब्ल्यू.डी. के एक गेस्ट हाउस में बीती। वहाँ का चौकीदार हरिलाल बहुत ही हँसमुख इनसान था। बातों ही बातों में सुनील ने जान लिया कि हरिलाल पास ही के एक गाँव का रहनेवाला है। दुधमुँही बच्ची को हरिलाल की गोद में छोड़ पत्नी स्वर्ग सिधार गई। आज वही बच्ची अट्ठारह वर्ष की हो चुकी है।

'घर पहुँचने में थोड़ी भी देर हो जाएगी तो बहुत डाँट पिलाएगी मुझे।' हरिलाल मुस्कराकर बोला। उसके हाव-भाव से ऐसा लग रहा था जैसे उसकी बेटी उसके सामने ही खड़ी हो।

'कितने दिन का काम है बेटा तुम्हारा यहाँ।' हरिलाल ने सुनील से पूछा।

'बहुत दिनों का चाचा। सड़क बननी है मोटर अड्डे से आगे। गाड़ी जाया करेगी उस पर। उसे बनने में तो बहुत दिन लगेंगे।'

'इतने दिन तो बेटा इस गेस्ट हाउस में रह न पाओगे।'

'नहीं चाचा। बस दो-चार दिन रहूँगा, फिर शहर जाकर अपना सामान ले आऊँगा। तब तक आप ही मेरे लिए कमरा ढूँढ़ दीजिए और कहीं खाने-पीने का भी इन्तजाम कर दीजिए।'

और हरिलाल ने ठीक वैसा ही किया जैसा सुनील ने कहा था। घर से लौटने पर सुनील ने पाया कि हरिलाल ने अपने ही घर में उसके लिए एक कमरे का इन्तजाम कर दिया है।

'बेटा, गरीब की झोंपड़ी है। यहीं रह लो। गाँव में लोग किराए पर घर तो देते नहीं तो मैंने सोचा हम तो दो ही प्राणी हैं। कितनी जगह चाहिए हमें!'

और उस दिन से सुनील उस सहृदय इनसान के घर पर रहने लगा। और यहीं उसकी मुलाकात हुई बिंदिया से। बिंदिया, हरिलाल की बेटी। जैसा नाम वैसा ही बिन्दी की तरह गोल मुँह। पहाड़ी सेब की सी लालिमा उसके गालों पर बिखरी थी। अल्हड़ पहाड़ी झरने की तरह इठलाती-खिलखिलाती बिंदिया जब तब उसके कमरे में चली आती। न कोई लज्जा न संकोच। जैसी स्वयं निश्छल थी वैसा ही औरों को भी समझती।

हरिलाल तो सुबह नाश्ता कर चार रोटी पोटली में बाँध निकल जाता गेस्ट हाउस की ओर। यों तो सड़क के आखिरी छोर पर स्थित इस गेस्ट हाउस में लोगों की आवाजाही कम ही थी लेकिन ड्यूटी तो ड्यूटी थी।

सुनील भी सुबह ही साइट पर चला जाता। देहरादून से आते हुए सुनील अपने साथ ढेर सारे रस-बिस्किट लेता आया था। सुबह-सुबह हरिलाल उसे एक स्टील का गिलास भरकर चाय दे जाता। उसी में भिगोकर दो रस खा सुनील का नाश्ता हो जाता।

यों तो सुनील अपने साथ एक स्टोव भी ले आया था लेकिन खाना बनाना तो उसे आता ही न था।

झिझक के मारे हरिलाल को भी ये बात बता न पाया। दो-तीन दिन यूँ ही आधा पेट खाना खाए बीत गए। दिनभर का थका-माँदा सुनील शाम को घर पहुँचते ही अपने कमरे में पड़े खटोलेनुमा चारपाई पर धँस जाता।

यह चारपाई भी उसे हरिलाल ने ही दी थी। नारियल के रस्सों से बुनी यह चारपाई, चारपाई कम झूला अधिक लगती।

ऐसे ही एक रोज रात को सुनील अपनी खटिया पर पड़ा था। आज दिन में उसने वहीं साइट पर अन्य मजदूरों द्वारा बनाया गया

दाल-भात खा लिया था। तीन-चार दिन बाद अन्न नसीब होने पर उसे अपार तृप्ति का एहसास हो रहा था। आज तो उसकी रस-बिस्कुट खाने की भी इच्छा नहीं थी।

'बस एक गिलास चाय पीने को मिल जाए तो कितना अच्छा हो।' यही सोचता वह बिस्तर पर पड़ा रहा।

और तभी देवदूत की मानिन्द बिंदिया साँकल को जोर से खड़काती वहाँ प्रकट हो गई। साँकल खड़काना भी सुनील ने ही उसे सिखाया था वरना वह तो जब-तब तूफान की तरह सीधी अन्दर घुसी चली आती।

'बाबूजी ने पूछा तुम खाना बना रहे हो क्या?' एक हाथ से अपने घाघरे की चुन्नट को हिलाते हुए उसने पूछा।

'नहीं।'

'तो खा क्या रहे हो?'

'कुछ नहीं।'

'तो फिर जिन्दा कैसे हो?' और उसकी बड़ी-बड़ी आँखें आश्चर्य से और बड़ी हो आईं। 'मुझे तो सुबह-सुबह पेट भर दाल-भात खाने को न मिले तो मैं तो मर ही जाऊँ।' सुनील को चुप देख उसने अपनी बात सुनाना आरम्भ किया।

'बाबूजी तो दिन में रोटी खाते हैं, लेकिन मैं तो अपने लिए सुबह ही दाल-भात बना लेती हूँ।' सुनील चुप था और बिंदिया पटर-पटर बोले जा रही थी।

'बिंदिया...' तभी हरिलाल की आवाज आई।

'अरे बाप रे, बाबूजी बुला रहे हैं। मैं तो यहाँ आकर बातों में ही लग गई।' और उसने अपने ही सिर पर एक चपत मारी और इसी कोशिश में उसके सिर पर बँधा स्कॉर्फ जमीन पर आ गिरा। उसे उठाते हुए उसकी करीने से गुँथी दोनों चोटियाँ भी जमीन से लग गईं। चोटियों के साथ गुँथी लाल रंग की परांदियाँ भी मिट्टी-गोबर लिपे उस फर्श पर लोट गईं। स्कॉर्फविहीन उसका चेहरा देख सुनील की आँखें उस पर टिकी रह गईं।

और उस दिन के बाद सुनील की खाने-पीने की समस्या का भी समाधान हो गया। और साथ ही सुबह का आरम्भ और दिन का अन्त बिंदिया से ही होने लगा।

उछलती-कूदती बिंदिया उसके साइट पर जाने से पूर्व चार रोटी और ढेर सारी सब्जी उसके सामने रख जाती।

'ये क्या है?'

'कल्यो (नाश्ता)।'

'इतना सारा!' सुनील को नाश्ते की मात्रा का आश्चर्य हुआ।

'ज्यादा कहाँ है, जरा सा तो है! यहाँ तो लोग ऐसे ही खाते हैं। अच्छा ये तो बताओ चार-पाँच दिन सुबह क्या खाया?'

'ये।' और सुनील ने रस का पैकेट उसके सामने रख दिया।

'अब तू ले जा इसे।' बिंदिया को उस पैकेट की ओर ललचाई नजरों से देखते हुए देख सुनील ने उसे बिंदिया के ही हवाले कर दिया। वह तो उसे बाद में पता चला कि बिंदिया उस पैकेट को एक ही दिन में उदरस्थ कर गई थी।

और धीरे-धीरे बिंदिया सुनील की आदत और उसके बाद जिन्दगी बनती गई। और एक दिन उसने बिंदिया से विवाह का प्रस्ताव हरिलाल के सामने रख दिया।

सुनकर हरिलाल ऐसे चौंका जैसे जलता कोयला छू लिया हो।

'साहब, कहाँ तुम और कहाँ हम! ऐसा कैसे हो सकता है?'

'क्यों? क्या तुम इनसान नहीं?'

'साब, वो तो ठीक है लेकिन हमारी जात।'

'मैं नहीं मानता जात-पाँत को।' सुनील का स्वर दृढ़ था।

'लेकिन गाँव वाले क्या कहेंगे! कैसे रह पाऊँगा मैं इस विवाह के बाद गाँव में?' हरिलाल को अपनी बेटी के भविष्य से अधिक इस बात की चिन्ता थी कि लोग क्या कहेंगे।

'क्या मैं आपको अच्छा नहीं लगता? क्या मैं आपकी बेटी के लिए सुयोग्य वर नहीं हूँ?'

‘ऐसी बात नहीं बेटा! तुम तो बहुत लायक हो। मेरी बेटी बहुत खुश रहेगी तुम्हारे साथ। लेकिन...।’

‘लेकिन क्या? गाँववालों के लिए तुम अपनी बेटी की खुशी क्यों छीन रहे हो?’

‘और तुम्हारे घरवाले?’

‘मेरे माता-पिता इस दुनिया में नहीं। बस दो शादीशुदा बहनें हैं। वह मेरी बात नहीं टालेंगी।’ सुनील ने आत्मविश्वास से कहा।

कई सारी शंकाओं-आशंकाओं के बीच झूलते हरिलाल ने आखिर हाँ कर ही दी। लेकिन उस दिन के बाद बिंदिया में अभूतपूर्व परिवर्तन आ गया। जरा सी बात पर हँसती-खिलखिलाती बिंदिया ने लज्जा की चादर ओढ़ ली। सुनील के समक्ष भी वह कम ही आती।

सुनील से स्वतः ही उसने एक दूरी बना ली थी। जैसे ही उसे सुनील से अपने रिश्ते की बात का पता चला उसे लगा जैसे कि अचानक ही बहुत बड़ी हो गई हो। उसने देखा था कैसे उसकी बहुत- सी सहेलियाँ विवाह के बाद अपने माता-पिता का घर छोड़कर किसी अनजान-अपरिचित व्यक्ति के साथ चली गई थीं। और उसके बाद जब भी गाँव वापस आईं तो मेहमान की तरह।

‘तो क्या उसे भी अपने पिता को छोड़कर जाना होगा? लेकिन उसके पिता तो उसके जाने के बाद एकदम अकेले हो जाएँगे। कौन करेगा उनकी देखभाल? कौन पकाएगा उनका खाना? उन्हीं घुमड़ते हुए प्रश्नों ने उसे उदास कर दिया।’

और यही सवाल एक दिन उसने अपने पिता से किया।

‘पिताजी, क्या तुम्हें अकेले छोड़कर जाना पड़ेगा मुझे यहाँ से?’

हरिलाल ने चौंककर बेटी की ओर देखा। सहमा हुआ चेहरा। हैरान-परेशान हिरनी के समान डरी हुई आँखें। तो क्या यह अपने विवाह से खुश नहीं है। या मुझे छोड़कर जाने की कल्पना से डरती है।

‘तू कहाँ जा रही है बिंदिया? यहीं तो रहेगी मेरे पास।’ हरिलाल का स्वर कँपकँपा उठा।

'लेकिन पिताजी, शादी के बाद तो सभी चले जाते हैं अपना गाँव छोड़कर। सविता भी गई, निर्मला भी, लक्ष्मी भी और भी बहुत सी लड़कियाँ।'

'लेकिन तेरे पति को तो यहीं रहना है, यहीं काम करना है फिर तू कहाँ जा रही है?'

'जब उनका काम खत्म हो जाएगा, फिर तो जाना पड़ेगा।' और कहते-कहते उसका गला भर्रा गया। आँखें डबडबा आईं, आँसुओं को छिपाने के लिए उसने सिर नीचे कर लिया।

बेटी के इस प्रश्न ने हरिलाल को सोचने पर मजबूर कर दिया। ठीक ही तो कह रही है बिंदिया। सुनील कौन सा सदा के लिए यहाँ रहनेवाला है। बस पाँच-छह माह और, और फिर उसका काम समाप्त। तब तो बिंदिया को जाना ही होगा यहाँ से और वह रह जाएगा निपट अकेला। यह सोचकर उसका मन काँप उठा। कैसे भेजेगा वह अपने कलेजे के टुकड़े को इतनी दूर। उस अनजान से शहर में जिसे उसने कभी देखा ही नहीं। इस अपरिचित लड़के के बारे में भी तो कुछ नहीं जानता वह। जो उसने कहा उसी पर यकीन कर लिया।

लेकिन उसकी सभी आशंकाएँ निर्मूल साबित हुईं जब विवाह के अवसर पर सुनील की दोनों बहनों से मुलाकात हुई।

'हमारे भाई की पसन्द तो बहुत ही अच्छी है। और उसकी पसन्द, उसकी खुशी ही हमारे लिए खुशी है। वैसे भी अभागा है बिचारा। न माँ न बाप।' कहते हुए बड़ी बहन की आँखें नम हो आईं।

और बिना किसी झाम-ताम के ठेठ पहाड़ी रीति-रिवाजों के साथ बिंदिया का विवाह सुनील के साथ हो गया। विवाह के दिन चेहरे पर हल्दी लगने के बाद बिंदिया के सौन्दर्य में चौगुणित वृद्धि हो गई। उसका चेहरा अपूर्व आभा से चमक रहा था।

सुनील ने उसे देखा तो देखता ही रह गया। थोड़े से ही श्रृंगार से चेहरा इतना चमक उठा है। शहर में भी शहरी लड़कियों की तरह

बन-ठन के रही तो कितनी सुन्दर लगेगी और इसकी कल्पना मात्र से सुनील प्रफुल्लित हो उठा।

विवाह के कुछ समय बाद ही सभी मेहमान अपने-अपने घरों को चले गए तो जीवन पुराने ढर्रे पर आ गया।

'मैं सोच रहा हूँ कि इन बकरियों को बेच दूँ अब। मेरे पीछे कौन देखभाल करेगा इनकी।' एक दिन हरिलाल ने कहा तो बिंदिया का अन्तर्मन कराह उठा।

क्या इतनी पराई हो गई है वह अपने पिता के लिए कि उनकी चार बकरियों को भी नहीं पाल सकती। कुछ कहना चाहती थी लेकिन सुनील बीच में ही बोल पड़ा।

'कैसी बातें कर रहे हैं आप? बिंदिया जैसे पहले घर सँभालती थी, वैसे ही सँभालेगी। अब तो हम तीनों का एक परिवार हो गया है। आपने मुझे और बिंदिया को अलग कैसे समझ लिया? और वैसे भी वह दिन भर करेगी क्या? हम दोनों तो दिन भर बाहर रहेंगे।'

पति की बात सुन बिंदिया का मन श्रद्धा से नत हो उठा। इन बकरियों में तो उसकी जान बसती थी। छोटे-छोटे मेमने थे, तब से पाला था उसने उन्हें। अब उनको बेचे जाने की बात से काँप उठा था उसका मन।

विवाह के एक माह पश्चात् ही सुनील को उसी क्षेत्र में सड़क बनाने का बड़ा काम मिल गया। इस काम के मिलने से सुनील बिंदिया को अपने लिए भाग्यशाली भी समझने लगा। अब उसने वहीं रहकर और अधिक काम बढ़ाने की सोची।

इसी तरह सात-आठ वर्ष पलक झपकते बीत गए। इस बीच बिंदिया तीन बच्चों की माँ बन गई और सुनील 'सी' क्लास से 'ए' क्लास का ठेकेदार। लक्ष्मी की तो उस पर अति कृपा हो रही थी। हरिलाल से भी उसने नौकरी छुड़वा दी थी। कच्चे मकान के स्थान पर छह-सात कमरों का पक्का मकान बन चुका था। गाँव से दूर सड़क पर जब सुनील अपनी बुलेट में जाता तो चारों ओर उसकी आवाज गूँजती और बच्चे तो बच्चे बड़े भी उसकी मोटर साइकिल

देखने खड़े हो जाते। सुनील का काम अब कई स्थानों पर फैलने लगा था। अब उसने देहरादून स्थित अपना पैतृक आवास बेचकर वहीं जमीन भी खरीद ली थी और अब मकान बनाने की तैयारी कर रहा था। अब वह चाहता था कि उसका परिवार देहरादून में ही रहे और उसके बच्चे वहीं पर पढ़ाई करें।

मकान बनकर तैयार हुआ तो सुनील परिवार को देहरादून ले आया। हरिलाल ने आने से इनकार कर दिया। सारी जिन्दगी गाँव में गुजारकर अब बेटी के घर पर आना उसके पुरातनपंथी मन ने गवारा न किया। बिंदिया को पहली बार लगा कि उसका विवाह हो चुका है। और उसे पितृगृह का त्याग करना है तो उधर हरिलाल ने भी बेटी की विदाई की पीड़ा अब सहन की।

बिंदिया शहर आ गई। उसके गाँव के मुकाबले बहुत बड़ा शहर। उसके गाँव जैसे तो कई गाँव समा जाएँ इसमें। यों तो वह पति के साथ पहले भी देहरादून आई थी, लेकिन दो-तीन से अधिक के लिए नहीं। और रही भी पुराने आवास में थी। अब ये नया घर तो पुराने की तुलना में बहुत बड़ा भी था और सुविधाजनक भी।

इस घर को समझने में ही बिंदिया और बच्चों को कई दिन लग गए। बिंदिया को आश्चर्य होता कि कैसे बिजली का एक बटन दबाते ही एक टंकी में रखा पानी गरम हो जाता है। और भी कई सारी बातें उसे आश्चर्यजनक लगतीं।

यहाँ आकर बिंदिया अपनी गृहस्थी में व्यस्त हो गई और सुनील अपने काम में। लेकिन धीरे-धीरे सुनील बदलने लगा था। उसकी पैसा कमाने की हवस तीव्र से भी तीव्रतम होती गई और इसके लिए वह कुछ भी करने को तैयार था। देर रात तक घर आता। थोड़ी बहुत शराब भी पीने लगा था सुनील। बात-बात पर बिंदिया को झिड़क भी देता।

शहर आने के कुछ ही समय बाद बिंदिया ने देखा कि घर के सामने बहुत-सी जगह खाली पड़ी है। थोड़ी सी मेहनत कर उसने वहाँ सब्जी लगा दी। बहुत दिनों तक तो सुनील का ध्यान इस ओर

नहीं गया। लेकिन जैसे ही बीज अंकुरित हो धरती का सीना चीर खुली हवा में प्रस्फुटित हुए तो एक सुबह सुनील का ध्यान उस ओर चला गया।

'ये क्या बोया है यहाँ?'

'घर से थोड़े से सब्जी के बीज ले आई थी। वही बोए हैं।' बिंदिया ने उत्साह से बताया। जानती थी सुनील खुश होगा, लेकिन ये क्या सुनील का चेहरा तो गुस्से से लाल-भभूका हो उठा।

'रही ना तू पूरी गँवार की गँवार। घर के आगे सब्जी बोई जाती है क्या?'

सुनील का चेहरा देख बिंदिया सहम गई। आखिर क्या गलती हो गई उससे। यह उसकी समझ में न आया। गाँव में भी तो घर के आगे की जमीन पर सब्जी ही बोई थी उसने। फिर यहाँ ऐसा क्या है कि ऐसा नहीं कर सकते। सुनील के झिड़कने से उसके आँसू निकल आए। वह चुपचाप सिर झुकाए खड़ी की खड़ी रह गई।

उसकी हालत देख सुनील थोड़ा सा पसीजा। स्वर को यथासम्भव कोमल बनाकर उसने बताया कि यहाँ घास लगाकर लॉन बनाया जाएगा। शहरों में घर ऐसे ही होते हैं।

बिंदिया की समझ में न आया कि घास सब्जी से अच्छी कैसे हो सकती है। लेकिन यह पूछने की उसकी हिम्मत न थी।

उस दिन के बाद से बिंदिया ने कोई भी काम अपनी मर्जी से करना बन्द कर दिया। घर में एक कुर्सी भी इधर से उधर खिसकानी होती तो वह सुनील से पूछती। सुनील और अधिक झुँझलाता, उस पर बिगड़ता। बिंदिया फिर रुआँसी हो उठती। बस ऐसे ही जिन्दगी चल रही थी।

जैसे-जैसे सुनील का काम बढ़ रहा था, वैसे-वैसे उसके मित्रों की संख्या भी बढ़ रही थी। घर में आए दिन पार्टियाँ होतीं। शराब की महफिल सजती, हो-हल्ला होता। दबी जुबान में बिंदिया बच्चों के बड़े होने के कारण इसका विरोध करती तो उसे गँवार कहा जाता, अज्ञानी कहा जाता।

'बिजनेस में ऐसा ही होता है। तू क्या जाने कि कितनी मेहनत करनी पड़ती है पैसा कमाने के लिए। और फिर तुम्हारे और बच्चों के लिए ही तो कर रहा हूँ सब कुछ।'

पैसा कमाने के लिए दोस्तों को शराब की पार्टी क्यों देनी पड़ती है यह बिंदिया की समझ में कभी न आया।

बच्चे बड़े हो रहे थे। दिन-प्रतिदिन घर में आनेवाला पैसा भी बढ़ रहा था। सुनील ने कई जगह जमीन खरीद ली थी। पर जिस अनुपात में पैसा और सुख-सुविधाएँ बढ़ रही थीं, उसी अनुपात में बिंदिया की घुटन भी बढ़ रही थी। उसे लग रहा था कि उसने अपना पति खो दिया। सुनील देर रात नशे में धुत हो घर पहुँचता। आरम्भ में एक-दो बार बिंदिया ने विरोध भी किया लेकिन व्यर्थ की गाली-गलौज और मारपीट के सिवा कुछ हासिल न हुआ। बच्चों पर उनके झगड़े का विपरीत असर न पड़े यह सोचकर बिंदिया ने चुप रहने का रास्ता उचित समझा। उसके जीवन में अब कोई सुख नहीं था। कहने को तो बड़ा घर, ऐशोआराम की सारी चीजें लेकिन बिंदिया को तब भी गाँव बहुत याद आता। कितने सुखी थे वह वहाँ पर। कितना स्नेह था उन दोनों के बीच। बच्चे भी खुश रहते। यहाँ तो बिंदिया की स्थिति सोने के पिंजरे में कैद चिड़िया की भाँति हो गई थी। कहाँ तो गाँव में वह पहाड़ी हिरनी की भाँति स्वच्छन्द विचरण करती थी और कहाँ शहर की ये कैद। वो तो इस कैद में भी खुश रह लेती लेकिन पति! उसका सहयोग तो मिले।

समय बीत रहा था। बिंदिया दिन-प्रतिदिनि हड्डियों का ढाँचा बनती जा रही थी। सुनील अपने काम में व्यस्त था और उनकी बड़ी बेटी कॉलेज जाने लगी थी। उससे छोटी बारहवीं में थी और सबसे छोटा बेटा दसवीं में। बेटियों का माँ से अधिक जुड़ाव था। माँ की हालत देखती तो पिता पर गुस्सा आता। माँ के लिए तरह-तरह के कपड़े, गहने, खाने-पीने की सामग्री लेकर आती लेकिन बिंदिया का तो पहनने-ओढ़ने का उत्साह ही समाप्त हो चुका था। कभी-कभी उसका जी करता कि अपनी इहलीला समाप्त कर ले। लेकिन बेटियों

के लिए जीती रही। बेटे की उसे अधिक चिन्ता न थी। वो प्रखर बुद्धि का था और पिता की आदतें उसे बहुत पसन्द न आतीं।

कुछ समय और बीता। चार-पाँच वर्ष के अन्दर-अन्दर सुनील ने दोनों बेटियों का विवाह कर दिया। जिस दिन दूसरी बेटी का विवाह हुआ उस दिन बिंदिया ने अपने आपको जिम्मेदारियों से मुक्त समझा। पुत्र भी तब तक एक प्रतिष्ठित कॉलेज से इंजीनियरिंग की पढ़ाई कर रहा था।

सुनील ने बहुत चाहा था कि बेटा सिविल इंजीनियरिंग में प्रवेश ले, बाद में उसकी मदद करेगा, लेकिन पुत्र ने उनका सुझाव सिरे से नकारकर सूचना प्रौद्योगिकी में प्रवेश ले लिया। सुनील को पुत्र की इस नाफरमानी से क्रोध भी आया, धक्का भी लगा लेकिन फिर वह अपनी जिन्दगी में मस्त हो गया।

लेकिन बिंदिया के जीवन में अब कुछ न रहा। दोनों बेटियाँ अपने-अपने घर गईं। बेटा भी पढ़ाई के लिए दूसरे शहर गया। बस पति- पत्नी ही रह गए थे घर में और पति के दर्शन भी नाममात्र को ही होते। जब उससे मुलाकात होती तो तब तक वो इतनी पी चुका होता कि होश में न रहता।

पहले जब बेटियों की आड़ थी तो सुनील अपने मित्रों को पिलाने के लिए घर कम ही लेकर आता लेकिन अब तो ये भी नित्य की दिनचर्या में शामिल हो गया था। देर रात तक सुनील की मित्र-मंडली घर में हंगामा करती रहती और साथ ही चलता अलग-अलग फरमाइशों का दौर। कभी पकौड़े तो कभी चिकन, कभी मटन और साथ निभाने के बाद भी सुनील की झिड़की। गँवार और बदतमीज शब्द तो जैसे उसने रट लिये थे। सुनील दोस्तों के सामने पत्नी को डाँटता और वे खी-खीकर हँस देते।

'तू मर क्यों नहीं जाती। मेरा भी पीछा छूटेगा तुझ गँवार से और तू भी मुक्ति पा जाएगी।' एक दिन नशे की पिनक में सुनील ने कहा तो बिंदिया का मन रो उठा। साथ ही उसे उसकी बात ठीक भी लगी। अब क्या उद्देश्य है उसके जीवन का? पति पर भार स्वरूप ही तो

है वह और यही सब सोच एक दिन पति के जाने के कुछ ही समय पश्चात् उसने नुआन गटक ली।

थोड़ी देर की छटपटाहट और फिर सब कुछ शान्त। बिंदिया को लगा जैसे वह बादलों के बीच उड़ रही है और राजकुमार की सी वेशभूषा में वर्षों पहले का सुनील उसकी ओर बाँहें पसारे खड़ा है। बिंदिया का जिस्म खुशी से थरथरा उठा। आज वह प्रफुल्लित मन से अपनी उसी पुरानी दुनिया में प्रवेश कर रही थी। सब कुछ शान्त था, बहुत शान्त।

देर रात सुनील घर लौटा तो देखा घर की बिजली तक नहीं जली है। अन्धकार में नहाया हुआ घर उसे भुतहा सा लगा। दरवाजा खटखटाया लेकिन अन्दर से कोई आवाज न आई। रात के ग्यारह बज चुके थे। चारों तरफ सुनसान वातावरण था।

'कहीं बिंदिया सो तो नहीं गई?' यही प्रश्न उसके मन में आया और गुस्से में भुनभुनाता सुनील घर से बाहर निकल पड़ा। वह रात उसने अपने एक दोस्त के यहाँ गुजारी। सुबह एक बार फिर वह अपने घर की ओर चल पड़ा। रात का हैंग ओवर अभी भी बाकी था। एक बार फिर उसने दरवाजा खटखटाकर उसे खुलवाने का असफल प्रयास किया। हारकर उसे दरवाजा तुड़वाना ही पड़ा।

अन्दर का दृश्य देख उसका सारा नशा हिरन हो गया। बिंदिया की निर्जीव देह फर्श पर पड़ी थी। मुँह से निकले झाग ने अब सूखकर बिंदिया के मुँह पर एक सफेद लकीर-सी बना दी थी।

बिंदिया की हालत देख सुनील डर गया। थोड़ी ही देर में पूरा मोहल्ला वहाँ इकट्ठा हो गया। उन्हीं में से किसी ने पुलिस को भी खबर कर दी। आनन-फानन में पुलिस भी वहाँ पहुँच गई। वह तो सुनील की पुलिसवालों से अच्छी जान-पहचान थी और बिंदिया ने अपनी मौत के लिए किसी को दोषी नहीं ठहराया था तो बात आई-गई हो गई।

'पिताजी, आपने हमारी माँ को मार डाला। अब तो घर आने की भी इच्छा नहीं होगी।' जाते हुए बेटे ने अपनी दोनों बहनों के समक्ष

सुनील के लिए ये शब्द कहे तो वह हत्प्रभ रह गया। ये क्या कह रहा है ये? उसने अपने समर्थन के लिए बेटियों की ओर देखा लेकिन उन्होंने भी घृणा से मुँह फेर लिया।

यह क्या हो गया बच्चों को? क्या नहीं किया उसने उनके लिए? अच्छी पढ़ाई, अच्छा रहन-सहन, अच्छे घरों में विवाह, कभी कोई कमी न होने दी। लेकिन क्या मिला उसे ये सब करके। बच्चों की घृणा। उन तीनों की आँखों से झाँकते नफरत के भाव सुनील से सहन न हो रहे थे। इस समय उसे तीनों बच्चे कृतघ्न लग रहे थे। अच्छा होता कि इन्हें वह वहीं गाँव में गँवार बनने के लिए ही छोड़ देता।

लेकिन तभी उसे बिंदिया के साथ किया अपना व्यवहार याद आया। शहर में आकर कौन सी खुशी दे पाया वह उसे? बात-बात पर झिड़कना, गाली-गलौज करना। बस यही तो स्वभाव था उसका बिंदिया के साथ। सुनील जितना सोचता, उतना परेशान होता।

बच्चे जा चुके थे। अब सुनील उस घर में नितान्त अकेला था। कमरे की चार दीवारें उसे काटने को दौड़तीं। घर घर न रहा, भुतहा निवास हो गया।

सुनील ने अपने आपको नशे में डुबो दिया। अब तो भूले से भी उसे रोकनेवाला कोई न था। सुनील अब भी अपने धन और दोस्तों के गुमान में बच्चों से और दूर होता गया। दोस्तों ने भी उसे खूब इस्तेमाल किया और धीरे-धीरे सुनील सब कुछ उन पर लुटाकर अन्दर से खोखला होता चला गया।

पुत्र ने इंजीनियरिंग की परीक्षा पास कर एक कम्पनी में नौकरी करना उचित समझा। नौकरी पर जाने से पूर्व एक बार घर आया तो सुनील के मन की बात जुबान पर आ ही गई।

'बेटा, घर का ही इतना बड़ा व्यवसाय है। इतना फैल गया है कि मुझसे सँभलता नहीं अब। क्यों करते हो किसी की नौकरी? घर का ही काम सँभालो।'

'नहीं पिताजी, मुझे आपके काम में कोई दिलचस्पी नहीं।' रूखा सा जवाब देकर बेटा अपनी नौकरी पर चला गया।

जैसे-जैसे सुनील की उम्र बढ़ रही है वैसे-वैसे उसका पैसा भी समाप्त हो रहा है। साथ ही कम हो रही है दोस्तों की फौज। सुनील अब काम-धाम छोड़कर घर में ही पड़ा रहता है। एक लड़का है जो घर की साफ-सफाई भी कर देता है और उसे दो रोटी भी खिला देता है।

वह लड़का बताता है कि सुनील कभी-कभी चिल्लाता है कि उसने बिंदिया का खून कर दिया है। उसने मारा है उसे, हत्यारा है वह।

लोग कहते हैं सुनील अकेलेपन की व्यथा नहीं झेल पा रहा। पत्नी की असमय मौत ने उसे पागल कर दिया है। लेकिन यह तो सुनील जानता है या बिंदिया की आत्मा कि कौन सी व्यथा ने सुनील को पागल किया है।

रामकली

बड़े अस्पताल में लगी लम्बी-सी लाइन देख रामकली ने गहरी साँस ली। इससे तो उसके गाँव का छोटा अस्पताल ही अच्छा। इतनी भीड़ तो नहीं होती है वहाँ। यह अलग बात है कि उस गाँव के अस्पताल में डॉक्टर के दर्शन कभी-कभार ही होते हैं। गाँववालों की बीमारियों का इलाज तो वहाँ पर नियुक्त कम्पाउंडर ही कर डालता है। डॉक्टर से ज्यादा तो उस कम्पाउंडर को भगवान मानते थे गाँव के लोग।

लेकिन यही ईश्वर स्वरूप कम्पाउंडर तब हाथ खड़े कर देता जब बीमारी उसकी पकड़ से बाहर हो जाती।

'अब तो डॉक्टर साहब आएँगे वही बता पाएँगे कि क्या हुआ है तुम्हें।' कम्पाउंडर लाचारगी से कहता।

'वह क्या आपसे बड़े डॉक्टर हैं? हमारे लिए तो तुम ही बड़े डॉक्टर हो।' भोले-भाले गाँववालों की समझ में नहीं आता कि वह ऐसा क्यों कह रहे हैं। जब बहुत दिनों तक डॉक्टर साहब के दर्शन नहीं होते, कम्पाउंडर उन्हें शहर के बड़े अस्पताल की राह दिखाता।

ऐसा ही किया उसने इस बार रामकली के साथ। रामकली की समझ में नहीं आया कि दो बच्चों को

ठीक-ठाक जन्म दे चुकी रामकली में उसे ऐसी कौन सी गम्भीर बीमारी नजर आई जो उसे शहर के अस्पताल भेज दिया।

'ये परचा लिखे दे रहे हैं शहर के डॉक्टर बाबू के लिए। उन्हें दे देना वह तुम्हारी जाँच अच्छे से कर देंगे।'

रामकली अभिभूत हो उठी। डॉक्टर बाबू कितना खयाल रखते हैं उसका। कहाँ वह एक अदने से ट्रक ड्राइवर की पत्नी और कहाँ वह इतने बड़े डॉक्टर!

रामकली जब पाँच वर्ष की ही थी तो गाँव में फैली महामारी में माता-पिता दोनों चल बसे। रह गई नन्ही रामकली और उसका छोटा भाई जो तब दो वर्ष का ही था।

दुनिया की शर्म की खातिर चाचा-चाची ने दोनों बच्चों को पाला लेकिन रामकली का भाई माता-पिता से बिछोह सहन नहीं कर पाया और एक वर्ष होते-होते वह भी चल बसा। इस भरे-पूरे संसार में रामकली का अपना कहने को कोई न था।

पन्द्रह वर्ष की हुई तो उसका विवाह कर चाचा-चाची ने भी उससे पीछा छुड़ाया। पति सुमेरू ट्रक ड्राइवरी करता था। उसका भी इस दुनिया में कोई न था इसलिए तीस बरस की उम्र होने तक भी उसके लिए कोई रिश्ता न आया। ट्रक ड्राइवरी के चलते वह अक्सर घर से बाहर ही रहता। रामकली के चाचा को जब किसी ने सुमेरू के बारे में बताया तो वह तुरन्त उससे रिश्ता करने को तैयार हो गए।

अपनी गरीबी और रामकली को पालने के बहाने कुछ पैसे भी ऐंठ लिये उन्होंने सुमेरू से। घर बस जाने की फिक्र में सुमेरू ने उसकी हर शर्त मंजूर कर ली और रामकली सुमेरू की दुल्हन बन अपनी ससुराल आ गई।

पन्द्रह वर्ष की रामकली न तो पति का मतलब समझती थी और न ससुराल का। लेकिन काम करने की खूब आदत थी उसे। यों तो सुमेरू ने पैसा खूब कमाया था लेकिन अकेला होने के कारण घर की ओर ध्यान न दिया। जो कमाया वह खाने-पीने में गँवाया।

रामकली ने आते ही सुमेरू की टूटी-फूटी झोपड़ी को लीप-पोत कर साफ-सुथरा बना दिया। विवाह के बाद सुमेरू बस पन्द्रह दिन घर पर रहा और बचपन से अपनों के प्यार को तरसती रामकली के जीवन में स्नेह का नवसंचार कर गया।

एक वर्ष बीता। रामकली ने सोलह वर्ष की कच्ची उम्र में एक बालक को जन्म दिया। सुमेरू खुश था, बहुत खुश। उसका जीवन व्यवस्थित हो चला था। अपना कहने को थे उसकी पत्नी और उसका बच्चा। ब्याह से पहले जहाँ सुमेरू अक्सर घर से बाहर ही रहता, ब्याह के बाद वह ज्यादा से ज्यादा घर रहने के बहाने ढूँढ़ता। ड्राइवरी का ये पेशा कभी-कभी उसे बेहद खलने लगता। एक शहर से दूसरे शहर ट्रक दौड़ाते-दौड़ाते कभी-कभी घर पहुँचे महीनों हो जाते। कभी कुछ ही दिनों बाद अपने ही गाँव के पास माल पहुँचाने का आदेश मिलता तो सुमेरू खुशी से फूल उठता।

कभी उसे लगता कि क्यों विवाह के बन्धन में पड़ा। पहले का ही जीवन अच्छा था। जहाँ चाहे जाओ, जहाँ चाहे रहो। कोई कुछ कहनेवाला नहीं, कोई सुननेवाला नहीं। न उसे किसी की प्रतीक्षा थी, न कोई उसकी प्रतीक्षा करता। उसकी जैसी नौकरी वाले को तो ब्याह ही नहीं रचाना चाहिए।

रामकली के गर्भवती होने का पता भी उसे छह माह बाद चला। इस बीच अकेली रामकली अपने अन्दर आए परिवर्तनों को झेलती रही। कभी-कभी तो वह यों ही सुध-बुध खोकर पड़ी रहती। न कुछ खाने का मन करता, न काम करने का। गाँव की ही बड़ी-बूढ़ियों की निगाह उस पर गई तो उन्होंने उसे समझाया। रामकली को भी तभी पता चला कि उसे क्या हुआ है। वह उत्साह से भर उठी। पति का ध्यान आया। कैसे और कब दे पाएगी वह उसे ये खुशखबरी। जब तक रामकली के मन में इस बात को बताने का उत्साह रहा तब तक सुमेरू घर न आया और जब वह घर आया तब तक रामकली के मन का उत्साह फीका पड़ चुका था।

बच्चे के जन्म की तिथि समीप आई तो रामकली घबरा उठी।

‘तुम यहीं रुक जाते कुछ दिन।’ उसने डरते-डरते पति से कहा।

‘कुछ दिन, मतलब कितना दिन?’

‘जब तक बच्चा होगा तब तक।’

‘उसमें तो देर है अभी। क्या बतलाया दाई ने?’

‘पन्द्रह दिन बाद कभी भी।’

‘पन्द्रह दिन! पागल है क्या तू? कैसे रह पाऊँगा मैं इतने दिन। मालिक ने कहा है दो दिन बाद ही कलकत्ता जाना है माल लेकर।’

सुमेरू चाहकर भी न रुक पाया और तब लौटा, जब उसका बच्चा एक माह का हो चुका था।

जैसे-जैसे समय बीतता गया रामकली को इसकी आदत सी पड़ने लगी। लेकिन घर-गृहस्थी की आदत में आ चुके सुमेरू के लिए घर से अलग रहना दंडस्वरूप होता। और घर की, रामकली की यही यादें भटकाव बनकर उसे कभी न खत्म होनेवाले लम्बे-लम्बे हाइवे पर बने ढाबे पर ले जाती। जहाँ खाने-पीने के अलावा और भी बहुत कुछ उपलब्ध था।

कुछ वर्ष और बीत गए लेकिन जीवन का ढर्रा न बदला। रामकली अब दो बच्चों की माँ थी और उसने अपने इस जीवन से सामंजस्य बिठा लिया था। लेकिन पिछले कुछ दिनों से रामकली महसूस कर रही थी कि सुमेरू का शरीर क्षीण होने लगा था।

लाल सुर्ख गबरू जवान सुमेरू का चेहरा पीला पड़ने लगा था तो काया की कान्ति भी कहीं विलीन हो रही थी। ट्रक ड्राइवरी की हाड़-तोड़ मेहनत के बाद भी सदा मस्त रहनेवाले सुमेरू ने अपने खाने-पीने का सदा ध्यान रखा था। इसलिए उसकी सेहत पर कभी कोई विपरीत असर न होने पाया, लेकिन अब क्या वह अपना ध्यान नहीं रख पा रहा था। क्या कमाई का एक बड़ा हिस्सा घर पर देने के कारण उसे अपने लिए खर्च की कमी पड़ रही थी। या फिर कोई और बात थी।

पिछली बार भी जब सुमेरू घर आया था तो घर आते ही बुखार ने उसे घेर लिया और गले की तीव्र पीड़ा ने उसे कुछ खाने भी न

दिया। इस बुखार के चलते उसे लगभग दस दिन अपने काम का हर्जा करना पड़ा था। गाँव के कम्पाउंडर की दवाई से वह ठीक तो हो गया लेकिन कमजोरी न गई।

इसी वक्त पर रामकली को अपने अन्दर एक नवजीवन के आगमन का फिर से आभास हुआ। स्वास्थ्य योजनाओं के प्रचार-प्रसार के चलते ग्रामीण महिलाएँ गर्भावस्था के दौरान क्या सावधानियाँ अपनाएँ, इसका ध्यान रख ही लेती है। इसी जागरूकता के चलते रामकली भी दो-तीन बार स्वास्थ्य केन्द्र जाकर कैल्सियम, आयरन की गोलियाँ ले आई थी। वह तो पूरी तरह स्वस्थ थी लेकिन इस बार सुमेरू आया तो उसकी हालत और भी बदतर थी। पिचके गाल, धँसी हुई आँखें, निरन्तर रहनेवाला हलका-हलका बुखार, गले में दर्द और इसके साथ कुछ ही दिनों में उसके शरीर पर चकत्ते से उभर आए थे। रामकली परेशान हो उठी। ये क्या हो गया उसके पति को? तुरन्त उसको ले गाँव के अस्पताल पहुँची। कम्पाउंडर ने सुमेरू को देखा तो एकबारगी तो उसे पहचान भी न पाया।

'तुम तो बड़े अस्पताल जाओ सुमेरू। तुम्हारी खून जाँच करनी पड़ेगी। तभी पता चलेगा कि तुम्हें हुआ क्या है?'

'लेकिन डॉक्टर साहब तनिक हाथ लगाकर तो देखो कितना बुखार है इसे। सारा बदन जल रहा है और देखो ये फफोले जैसे क्या बन गए हैं इसके शरीर पर?'

लेकिन रामकली के कहने पर भी कम्पाउंडर ने हाथ लगाकर नहीं देखा। उसकी निगाहों के भाव भी अच्छे नहीं लगे रामकली को।

कुछ रंग-बिरंगी गोलियाँ और पीने की दवाई ले रामकली और सुमेरू वापस चले आए। जाते हुए भी कम्पाउंडर बाबू सुमेरू को बड़े अस्पताल में दिखवाने की बात कहना न भूले।

तीन-चार दिन की दवाई खाने के बाद सुमेरू की हालत थोड़ी सी सुधर गई। रामकली ने उसे बड़े अस्पताल जाकर खून जाँच करने की बात याद दिलाई।

'इस बार माल लेकर दिल्ली जाना है। वहीं बड़े अस्पताल में दिखवा दूँगा।' कहकर सुमेरू चला गया लेकिन महीने तक उसे फुरसत न मिली।

और इसी बीच रामकली अपनी दवाई के लिए अस्पताल गई तो कम्पाउंडर ने उसे थोड़ी ही दूर कस्बे में स्थित बड़े अस्पताल दिखाने को कहा।

'अपनी पुरानी सारी पर्ची ले जाना और मेरी चिट्ठी भी ले जाना। आसानी रहेगी।'

'लेकिन ऐसी क्या बात है डॉक्टर बाबू, जो मुझे बड़े अस्पताल जाना पड़ेगा। सब कुछ तो ठीक ही लग रहा है।'

'तू डॉक्टर है या मैं? मुझे ठीक नहीं लग रहा इसलिए कह रहा हूँ। दिखा दे अपने आपको और जाँच भी करा ले। और हाँ, सुमेरू की कोई खबर आई क्या? कैसा है वह अब?'

'नहीं, कोई खबर नहीं।'

और अपने डॉक्टर बाबू की सलाह मान रामकली बड़े अस्पताल चली आई। गाँव से लगभग पन्द्रह कि.मी. दूर था ये कस्बा। धूल भरी सड़कों पर खटारा बसें चलतीं, जिसमें कुछ लोग तो दरवाजे और बस के पीछे की सीढ़ी पर लटके रहते। रामकली की हालत देखते हुए एक युवक ने उसके लिए सीट खाली कर दी। रामकली ने राहत की साँस ली। वैसे भी आठवाँ महीना चल रहा था उसका।

यहाँ आकर उसने अस्पताल में लगी भीड़ देखी तो घबरा गई। वह तो अच्छा हुआ कि साथ में वह गाँव की ही एक महिला को और ले आई थी जो पूर्व में भी इस अस्पताल में आ चुकी थी और वहाँ के तौर-तरीकों से परिचित थी।

रामकली ने अपनी पर्ची बनवाई और डॉक्टर के कमरे में जमा करवा दी।

'अन्दर से तुम्हारा नाम पुकारेंगे तभी जाना तुम।' साथ आई महिला ने समझाया।

डॉक्टर के कमरे के बाहर दो बेंच रखी थीं लेकिन दोनों खचाखच भरी थीं। कुछ मरीज खड़े थे, कुछ टहल रहे थे तो जो दोनों स्थिति में नहीं थे वह वहीं बरामदे में बैठे हुए थे। रामकली भी बरामदे के एक कोने में बैठ अपनी बारी की प्रतीक्षा करने लगी।

कई लोग अन्दर गए बाहर आए लेकिन रामकली का नम्बर नहीं आया। उसे लगता जैसे कुछ लोग तो अभी आए और अभी वापस चले गए और कुछ ऐसे हैं जो उससे भी पहले से बैठे हैं लेकिन उनका नम्बर नहीं आया। कभी-कभी इस बात को लेकर चिल्ल-पों भी मचती। एक-दूसरे पर आरोप लगते और फिर सब शान्त हो जाता।

लगभग एक डेढ़ घंटे बाद रामकली का नम्बर आया। रामकली ने जाते ही अपनी पुरानी पर्चियाँ उन्हें थमा दीं।

'क्या परेशानी है?' डॉक्टर ने पूछा।

'हमको तो कोई परेशानी नहीं, वो तो गाँव के डॉक्टर बाबू ने बोला कि शहर जाकर दिखा आओ। और हाँ, चिट्ठी भी दिए हैं तुम्हारे नाम।' और रामकली ने धोती के छोर की गाँठ खोलकर मुड़ा-तुड़ा कागज डॉक्टर के हवाले कर दिया। डॉक्टर ने उसे पढ़ा फिर रामकली की ओर देखा। चेहरे के भाव बदल रहे थे।

'क्या करता है तुम्हारा घरवाला।'

'जी, ट्रक ड्राइवर है।'

'बीमार रहता है क्या?'

और रामकली को जो मालूम था वह उसने बता दिया। उसकी समझ में नहीं आ रहा था कि जब वह अपने आपको दिखाने आई है तो ये डॉक्टर उसके घरवाले के बारे में क्यों पूछ रहा है।

'तुम्हारे खून की जाँच करनी पड़ेगी। बड़े शहर भेजना पड़ेगा जाँच के लिए। पन्द्रह-बीस दिन लग जाएँगे रिपोर्ट आने में। ये पर्चा लेकर भेज देना रिपोर्ट लेने के लिए किसी को।'

और अपने खून का सैंपल देकर रामकली वापस चली आई। हैरान थी कि ऐसी कौन सी बीमारी हो गई उसे कि शहर में जाँच होगी।

घर पहुँची तो एक नई परेशानी रामकली की प्रतीक्षा कर रही थी। सुमेरू का दोस्त जो उसी की भाँति ट्रक ड्राइवर था, इधर से गुजर रहा था। उसके द्वारा रामकली को सन्देश मिला कि सुमेरू गम्भीर रूप से बीमार होकर अस्पताल में भर्ती है और इस बात को लगभग पन्द्रह दिन हो चुके हैं।

'क्या हुआ है उन्हें?'

'कोई बुरी सी बीमारी बताई है डॉक्टर ने। मुझे तो नाम भी ढंग से याद नहीं।' वो रुआँसा हो गया। अब क्या करे रामकली? बच्चों को सँभाले, खुद को सँभाले या पति की देखभाल करने शहर चली जाए। और शहर भी जाए तो कहाँ और किसके पास जाए। फिर ये बच्चे और उसकी स्वयं की हालत। मजबूरी वश उसकी आँखों में आँसू आ गए। सुमेरू जब घर आया था, तब डॉक्टर की कही बात याद आ गई। उसने तो तभी बड़े अस्पताल में दिखाने को कह दिया था।

'भैया, तुम ही ध्यान रखना उसका। तुम्हीं लोगों का सहारा है। एक बार ठीक होकर घर आ जाए तो फिर जाने न दूँगी।' और रामकली ने धोती की छोर से आँसू पोंछ लिये।

लेकिन कहाँ आ पाया सुमेरू वापस। महीने भर बाद उसकी मौत की ही खबर आई। बहुत बुरी बीमारी थी उसे। गाँव में ये खबर पहुँची तो उसे लेकर कई बातें होने लगीं।

'सुना है छूत की बीमारी थी सुमेरू को।'

'हाँ, और बीमारी भी ऐसी जो भले आदमियों को नहीं होती।'

'मतलब! कैसे लोगों को होती है ये बीमारी।'

'जो गन्दी औरतों के पास जाते हैं।'

महिलाओं के बीच ऐसी ही कुछ बातचीत हो रही थी कुएँ पर जो रामकली के पहुँचते ही बन्द हो गई।

सबने अपनी-अपनी मटकी उठाई और रामकली की ओर हिकारत भरी नजरों से देखती वहाँ से चली गईं।

रामकली की समझ में न आ रहा था कि आखिर सुमेरू को ऐसा क्या हुआ था जो लोग उससे इस तरह कट रहे हैं।

रामकली कुछ समझे न समझे लेकिन परिस्थितियाँ विषम होती जा रही थीं।

सारे गाँव और आस-पास में खबर आग की तरह फैल रही थी कि सुमेरू की मौत एड्स नामक बीमारी से हुई है और ये बीमारी रामकली को भी हो सकती है।

अनपढ़, अशिक्षित ग्रामीणों ने रामकली से दूरी बना ली। इन परेशानियों में रामकली को याद भी न रहा कि उसने अस्पताल में खून की जाँच करवाई थी।

वह तो भूल गई, लेकिन अस्पताल के कम्पाउंडर को सब याद आ गया। जिस दिन वह अपने किसी काम से कस्बे के बड़े अस्पताल गया, ठीक उसी दिन रामकली की हालत भी कुछ ठीक न रही।

जैसे-जैसे दिन ढल रहा था, वैसे-वैसे रामकली की प्रसव पीड़ा भी बढ़ती जाती। वेदना से कराहती रामकली अस्पताल की ओर चल दी।

उधर जैसे ही कम्पाउंडर के हाथ में रामकली की रिपोर्ट आई वो चौंक उठा। ये क्या! इसका पति तो अपना रोग इसे भी दे गया। ये कमबख्त तो एच.आई.वी. पॉजिटिव है। अब न जाने इसका बच्चा कैसा हो?

कम्पाउंडर ने अस्पताल के अन्दर कदम रखा ही था कि दर्द से दोहरी हुई रामकली अस्पताल के बरामदे में आकर ढेर हो गई।

पीड़ा से उसका चेहरा पीला पड़ गया था। कम्पाउंडर किंकर्तव्यविमूढ़ सा खड़ा रह गया। हाथ में रामकली की रिपोर्ट फड़फड़ा रही थी।

'अरे, बाहर करो कोई इसे। अपने पति का रोग लेकर घूम रही है ये।' और उसकी आवाज सुन अस्पताल का बाकी स्टाफ भी वहाँ पहुँच गया। दर्द से दोहरी पड़ी रामकली को सबने मिलकर किसी तरह अस्पताल परिसर से बाहर कर दिया। हाँ, इतना ध्यान सबने रखा कि कोई उसे छू न पाए।

रामकली सड़क पर आ गई। अँधेरा घिरनेवाला था और उससे अधिक स्याह था रामकली का जीवन। उसी स्याह रात को रामकली ने सड़क पर ही एक मृत बच्चे को जन्म दिया। अस्पताल के बाहर स्वास्थ्य विभाग का बहुत बड़ा होर्डिंग मुँह चिढ़ा रहा था। जिसमें बड़े-बड़े अक्षरों में लिखा था, 'एड्स छूने से नहीं फैलता। एच.आई.वी. संक्रमित लोगों को आपके सहारे की जरूरत है।'

रामकली का अनपढ़ होना इस समय उसके लिए वरदान बन गया। पढ़ पाती तो यह पीड़ा प्रसव पीड़ा से कहीं अधिक होती। जब पढ़े-लिखे ही इसे पढ़कर समझ न पाए तो अनपढ़ रामकली की क्या समझ में आता!

एक थी जूही

जूही मसल दी गई। जूही कुचल दी गई। उसके तन और मन पर सैकड़ों घाव बन गए। लगता है, तन पर कैक्टस उग आए हैं, जिसके काँटे रह-रहकर उसी को घायल कर रहे हैं।

यही जूही कल तक इतनी खुश थी, बिल्कुल जूही की तरह। जूही की कली खिल उठी थी। प्रसन्नता का भाव मन में आते ही वह पुष्प बन गई थी। सुन्दर-सा पुष्प सारी ताजगी अपने में समेटे हुए।

एक अत्यन्त गरीब परिवार में पैदा हुई जूही बचपन से ही ढेर सा सौन्दर्य अपने में समेटे थी। गुलाबी होंठ, काली और बड़ी-बड़ी आँखें, तीखी नाक, बचपन से ही वह गोलमटोल गुड़िया-सी लगती थी। पिता एक आढ़ती के यहाँ मजदूरी करते। शहर के एक कोने में बसी अवैध झुग्गी-झोपड़ियों में से एक में रहते थे जूही के पिता। बंगाल के सीमावर्ती इलाके से काम की तलाश में अपने गृहनगर से बहुत दूर पंजाब के एक शहर में रहने चले आए थे वह। विवाह हुआ तो पत्नी को भी साथ ले आए।

विवाह के एक वर्ष बाद वह एक पुत्री के माता-पिता बने। नाम रखा गया जूही। यों तो जूही शब्द

का शाब्दिक अर्थ दोनों में से कोई न जानता था पर उन्हीं दिनों आई एक हिट फिल्म की हिरोइन के नाम पर उन्होंने अपनी इस सुन्दर-सी बेटी का नाम रखा जूही।

जूही जब तक छह वर्ष की हुई तब तक उसके तीन और भाई-बहन इस दुनिया में आ चुके थे। पिता की कमाई से खर्चा चलना बहुत मुश्किल होता जा रहा था। लेकिन इस सबके बावजूद उन्होंने जूही को स्कूल पढ़ने भेजा। छह वर्ष की जूही जब पहले दिन स्कूल गई तो माता-पिता का सीना गर्व से फूल उठा। उन दोनों ने तो कभी स्कूल का मुँह भी न देखा था।

शारीरिक सौन्दर्य की स्वामिनी जूही का दिमाग भी तेज निकला। स्कूल से घर लौटकर कभी किताब हाथ में लेने को न मिलती। माँ घर के काम-काज निबटा सके इसलिए जूही को भाई-बहनों को सँभालना होता। फिर भी जूही कक्षा में प्रथम आती। यों तो उस सरकारी स्कूल में उसी की तरह के गरीब बच्चे पढ़ते थे। जिनके माता-पिता को उनकी पढ़ाई से कुछ खास सरोकार न था लेकिन इसके बावजूद जूही ने अपने अध्यापकों के दिल में अपनी जगह बना ही ली।

जब तक जूही चौथी कक्षा में पहुँची तब तक दोनों छोटे भाई भी स्कूल में प्रवेश ले चुके थे। घर में रह गए छोटी बहन और माँ। माता-पिता अनपढ़ थे लेकिन बच्चों को पढ़ाना-लिखाना चाहते इसलिए हाड़-तोड़ मेहनत करते। पिता देर रात तक काम करते और साथ ही माँ ने भी कुछ घरों में काम करना आरम्भ कर दिया। तीनों बच्चे स्कूल जाते तो वह छोटी बेटी को गोद में ले चल देती काम पर।

जूही ने पाँचवीं पास कर ली। छोटे दोनों भाई क्रमशः चौथी और दूसरी में पढ़ रहे थे। लेकिन अब जूही की आगे की पढ़ाई कैसे हो? छोटी बहन भी अब स्कूल जाने लायक हो रही थी। राजकुमारी-सी अपनी बेटी को आगे पढ़ाने की लालसा मन में ही दम तोड़ रही थी। सर्वगुण सम्पन्न अपनी इस बेटी के लिए उन्होंने

ढेर सारे सपने देखे थे।

बेटी पढ़ाई करेगी, कहीं नौकरी करेगी, उसकी तरह मजदूरी नहीं करेगी। लोगों के जूठे बर्तन नहीं माँजेगी। और फिर एक दिन एक सुन्दर-सा राजकुमार उसके रूप-गुण पर रीझकर आएगा और उसे ले जाएगा सपनों की दुनिया में। उनकी इस रेतीली, पथरीली काँटों भरी दुनिया से बहुत दूर। लेकिन यह क्या! उनके सपने तो उन्हें अभी चूर होते नजर आ रहे थे।

लेकिन जूही के सपनों को तो भविष्य की उड़ान भरनी थी, सो हल भी निकल आया। स्कूल में प्रथम आने पर उसे वजीफा भी मिल गया और उसकी प्रतिभा को देखते हुए एक अध्यापिका ने मदद भी कर दी।

जूही पहुँच गई बड़े स्कूल, जो छठी से बारहवीं तक था। था भी सिर्फ लड़कियों का ही स्कूल। जूही के सपनों को नए पंख मिले। लेकिन आगे की राह इतनी आसान न थी। माता-पिता किसी तरह चार बच्चों की पढ़ाई का खर्चा निकाल रहे थे। दोनों दिन-रात हाड़-तोड़ परिश्रम करते ताकि बच्चों का भविष्य उज्ज्वल हो। जूही माता-पिता की ये हालत देखती तो मन उद्विग्न हो उठता। क्या वह उनकी कोई मदद नहीं कर सकती? लेकिन वह करे भी तो क्या?

लेकिन उसने भी हार न मानी। आठवीं पास करने के बाद उसने शाम को घर पर ही कुछ बच्चों को पढ़ाना शुरू कर दिया। इस पर भी कुछ खास मदद न हो पाती। जिस बस्ती में वह रहती थी वहाँ लोगों के पास खाने-ओढ़ने को ही पूरा नहीं पड़ता तो बच्चों की ट्यूशन की फीस कहाँ से लाते?

'माँ, मैं भी शाम को तुम्हारे साथ काम पर चलूँगी।' एक दिन अपने मन की पीड़ा उसने माँ के सामने बोल ही दी।

माँ चौंक गई, ये क्या कह रही है बेटी! उनकी बेटी दूसरों के घरों में बर्तन धोएगी, झाड़ू लगाएगी। उसकी आँखों में आँसू आ गए। चौदह-पन्द्रह वर्ष की जूही की ज्यों-ज्यों उम्र बढ़ रही थी सौन्दर्य

उससे भी दुगुनी गति से बढ़ रहा था। माँ उसके चेहरे की ओर देखकर काँप उठी। किसी घर में काम करेगी ये? न जाने किसकी कुदृष्टि इसे लील जाएगी क्या पता? इतने घरों में इतने वर्षों से काम करते हुए न जाने कितने भेड़ियों की लोलुप निगाहों से अपने आपको बचा पाई थी वह। लेकिन क्या यह मासूम बच्ची बचा पाएगी अपने आपको। भय और कुविचार से उसके रोंगटे खड़े हो गए। जूही को उसने अपने सीने से लगा लिया। अपने आँचल में छुपाना चाहती थी उसे लेकिन अब तो जूही उससे भी लम्बी हो चुकी थी। उसकी यह चेष्टा भी व्यर्थ हुई।

'जब तक हमारे हाथ-पैर चल रहे हैं तब तक तुझे कुछ भी करने की जरूरत नहीं।' बस इतना ही कहा उसने।

लेकिन कहाँ रह पाए दोनों के हाथ-पैर सलामत। भारी सामान टैम्पो में लादते वक्त टैम्पो असन्तुलित हो पिता के ऊपर ही गिर पड़ा। जान तो बच गई लेकिन इलाज के अभाव में दोनों पैरों की शक्ति जाती रही। जूही तब दसवीं में पढ़ रही थी। पिता बिस्तर से आ लगे थे। माँ इस हालत में चिड़चिड़ी हो गई। छोटी-छोटी बातों पर बच्चों की पिटाई और गाली-गलौज यही सब चलता घर में।

जूही समझ गई। बहुत हो गई पढ़ाई। अब तो कुछ न कुछ काम ढूँढ़ना ही होगा। किसी तरह उसने दसवीं के इम्तिहान दिए और फिर काम की तलाश में जुट गई।

जूही के साथ स्कूल में पढ़ती थी निर्मला। उसी की तरह गरीब तो नहीं लेकिन बहुत अच्छे हालत भी न थे उनके घर के। उसकी परिचित कोई निम्मो आंटी घर पर ही लड़कियों से अचार, पापड़, बड़ी इत्यादि बनवाती और उन्हें बाजार में बेचती। कुछ लड़कियाँ सिलाई-बुनाई का काम भी करती। मेहनताना भी काम के अनुसार ठीक ही मिल जाता।

'तू मुझे भी ले चल उनके पास। मुझे काम की बहुत जरूरत है।' और जूही ने निर्मला के हाथ पकड़ लिये।

'माँ, मैं काम करूँगी।' जूही ने निर्मला से जो बात हुई थी वो

माँ को बता दी।

माँ के पास बहुत-कुछ सोचने को न था, न ही था कोई अन्य विकल्प। अपाहिज पति बिस्तर पर पड़ा था। तीनों बच्चों का स्कूल छूटने की कगार पर था और बड़ी बेटी दसवीं पास कर घर पर बैठी थी।

वही बेटी जिसे एक वक्त वह सबकी नजरों से बचाना चाहती थी। दरिद्र परिवार के इस हीरे पर किसी की नजर ना लगे इसके लिए पूरे प्रयास किए, लेकिन अब स्थिति उसके काबू में न थी। हाँ कह दिया उसे। बस इतना ही सन्तोष था कि बेटी किसी महिला के यहाँ काम करने जा रही है।

जूही निम्मो आंटी के यहाँ जाने लगी। वहाँ और भी बहुत सी लड़कियाँ काम करने आती लेकिन उनमें सबसे बुरी आर्थिक स्थिति जूही की ही थी।

जूही को काम करते महीना हुआ तो आंटी ने पाँच-पाँच सौ के तीन नोट उसके हाथ में पकड़ा दिए।

जूही कभी एकटक उन नोटों की ओर देखती तो कभी आंटी की ओर। नोटों को उसने कसकर मुट्ठी में भींच लिया। बचपन से अभावों में बड़ी हुई जूही ने कभी इतने पैसे एक साथ न देखे थे और फिर ये तो उसकी स्वयं की मेहनत थी।

हथेलियों में पसीना छूट आया तो नोटों के खराब हो जाने के भय से उसने उन्हें सँभालकर रुमाल में बाँध दिया।

रास्ते भर वह उसे कीमती अमानत की भाँति सहेजकर लाई। अपने आस-पास चलते लोगों को ध्यान से देखा। कहीं इनमें से कोई चोर-उचक्का न हो उसके मन की स्थिति भी अजीब थी। प्रसन्नता और भय के मिले-जुले भाव उसके मन में आ रहे थे।

बहुत सावधानी बरतती वह घर पहुँची और रुमाल की गाँठ खोल अपनी पहली कमाई माँ के हाथ में रख दी। एक कमरे के उस छोटे-से घर में एक कोने पर पिता पड़े थे। बेटी समझदार हो गई है यह सोच प्रसन्नता हुई लेकिन जिस बेटी के लिए उन्होंने बड़े-बड़े सपने देखे थे, उसे अच्छी से अच्छी शिक्षा दिलवाना चाहते थे, उसे

छोटी-सी उम्र में नौकरी करते देख आँखें भर आईं। लेकिन जूही की खुशियाँ बहुत दिन तक कायम न रह सकीं। उसने सोचा था कि वह कमाने लगेगी तो घर में सुख-शान्ति आएगी, चार पैसे आएँगे तो छोटे भाई-बहन भी पढ़ पाएँगे। वह स्वयं तो दसवीं से आगे पढ़ न पाई, सपने अधूरे ही रह गए लेकिन अपने भाई-बहनों के साथ ऐसा न होने देगी।

लेकिन उसका यह सपना भी सपना ही रह गया। उसके कमाए पन्द्रह सौ रुपए ऊँट के मुँह में जीरा ही साबित हुए। भाई-बहनों का स्कूल छूट गया। दोनों भाई सारा दिन बस्ती के बच्चों के साथ खेला करते और छोटी बहन घर-गृहस्थी के कामों में माँ का हाथ बँटाती। दिन भर कभी पिता की झिड़कियाँ सुनती तो कभी माँ की गालियाँ।

जूही काम तो कर रही थी लेकिन खुश न थी। जूही मुरझाने लगी थी। मन के तनाव का असर काम पर भी पड़ा। सभी ने इसे महसूस किया, निम्मो आंटी ने भी।

'क्या बात है जूही? आजकल तू उदास रहती है। काम में भी मन नहीं लग रहा तेरा।' आंटी ने उचित समय देख एक दिन पूछ लिया।

जूही सकुचाई, ऐसे कैसे अपने घर की बात बाहर वालों को बता दे। लेकिन आंटी होशियार थी, चतुर थी। सच उगलवा ही लिया। समझ गई जूही को और अधिक पैसों की दरकार थी। जिससे वह अपने भाई-बहनों को पढ़ा-लिखाकर अपने पैरों पर खड़ा करने के सपने को साकार कर सके।

जूही ने कुछ और काम की भी तलाश की लेकिन सब व्यर्थ। उसकी और उसके परिवार की किस्मत को न बदलना था सो नहीं बदली।

आंटी के यहाँ जो माल तैयार होता उसे लेनेवाले ग्राहक भी आते। आंटी का मन हुआ कि उनमें से किसी से जूही की मदद करने को कहें, वैसे वो जूही जैसी मेहनती और ईमानदार लड़की को अपने से जुदा न करना चाहती थी लेकिन जूही की उदासी उससे देखी न जाती।

आंटी के ग्राहकों में एक था सुमित। तीस-बत्तीस वर्षीय सुदर्शन युवक। अच्छा काम चलता उसका। जान-पहचान भी खूब थी। शहर के बड़े-बड़े लोगों में उठना-बैठना था। व्यवसाय में मदद करता रहता था।

'बेटा, मदद कर इसकी। बहुत परेशान है ये।' आंटी ने सुमित से बात करना उचित समझा। सुमित ने ध्यान से जूही की ओर देखा। उसने निगाहें झुका लीं।

'कितना पढ़ी हो?'

'दसवीं तक।'

'टाइप-वाइप करना जानती हो।'

'ना।' जूही ने ना में सिर हिलाया।

सुमित ने आश्वासन तो दिया लेकिन जूही को उसकी बातों में आशा की कोई किरण नजर नहीं आई।

लगभग दो माह बाद सुमित आया। एक जगह नौकरी के इंटरव्यू की बात कहकर और ले गया उसे अपने साथ।

और पहली असफलता के बाद इंटरव्यू का सिलसिला चल निकला। जहाँ भी जाती वहाँ कम्प्यूटर के ज्ञान पर बात अटक जाती। इसी तरह कुछ महीने और बीत गए। घर की हालत बिगड़ती जा रही थी और उसी अनुपात में सुमित की सहानुभूति जूही के प्रति बढ़ती जा रही थी। कभी-कभार वह उसकी आर्थिक मदद भी कर दिया करता। जूही को ठीक न लगता लेकिन आँखों के आगे बीमार पिता व बस्ती में इधर-उधर घूमते भाई-बहन का चेहरा घूम जाता।

'तुम ऐसा करो आंटी के यहाँ से फारिग होने के बाद मेरे ऑफिस में आकर कम्प्यूटर सीख लिया करो।' कई साक्षात्कारों के बाद जब जूही को नौकरी न मिली तो सुमित ने सुझाव दिया।

जूही झिझकी। उसे संकोच हुआ। सुमित जानता है कि किसी छोटे-मोटे संस्थान में जाकर भी जूही कम्प्यूटर पर टाइप करना सीख सके, ऐसी स्थिति नहीं उसकी। तो क्या उसके प्रस्ताव को मान ले जूही? एक बार फिर बिस्तर पर पड़े बेबस पिता, बस्ती की गलियों

में अधनंगे घूमते भाई और माँ के क्रोध का अकारण शिकार बनती बहन की छवि उसकी आँखों में घूम गई और सुमित के इस सुझाव को मान लेने में ही उसने भलाई समझी।

अगले ही दिन से जूही ने सुमित के ऑफिस जाना आरम्भ किया। ऑफिस क्या, बस एक छोटा-सा कमरा था। जिसे बीच में पार्टीशन लगाकर दो कमरों का रूप दे दिया गया था। एक छोटे-से केबिन में सुमित स्वयं बैठता और दूसरे में उसके दो कर्मचारी। जूही सायं चार बजे के करीब आंटी के यहाँ से निकलती और पन्द्रह-बीस मिनट की दूरी शहर की तंग गलियों को पैदल पूरा करती सुमित के ऑफिस पहुँच जाती। अपने ही ऑफिस के एक लड़के को सुमित ने जूही को कम्प्यूटर सिखाने की जिम्मेदारी सौंपी। स्वयं भी कभी-कभी उसकी प्रगति की जानकारी ले लिया करता।

जूही खुश थी, बहुत खुश। की बोर्ड पर उँगलियाँ रखती तो मखमल का सा अहसास होता। की बोर्ड पर दबाया गया अक्षर सामने कम्प्यूटर की स्क्रीन पर नजर आता तो जूही को लगता जैसे वह रुपहले पर्दे पर कोई सुन्दर-सा ड्रामा देख रही हो। सुमित के प्रति मन में श्रद्धा के भाव उमड़ आते। लगता जैसे स्वयं ईश्वर अवतार लेकर उसके सामने आ गए हों।

दो माह बीत गए। जूही ने हिन्दी व अंग्रेजी दोनों टाइपिंग थोड़ी-बहुत सीख ली थी।

'मैं तुझे अपने ऑफिस में ही रख लेता लेकिन मेरे पास तो पहले से ही दो लोग हैं। उनमें से किसी को निकाल देना भी ठीक नहीं।' दो दिन बाद किसी इंटरव्यू की बात बता सुमित ने अपने मन की बात भी कह डाली।

जूही कृतज्ञ थी सुमित की। उसने जो भी उसके लिए किया था, वह कम नहीं था। और अब वह स्वयं ही उसकी नौकरी हेतु भी प्रयत्न कर रहा था।

इंटरव्यू वाले दिन जूही का मन सुबह से ही उद्विग्न था। कम्प्यूटर सीखने के बाद से उसका नौकरी के लिए पहला साक्षात्कार

था। तनख्वाह भी चार-पाँच हजार मिलने की उम्मीद थी। क्या वह सफल हो पाएगी? उसने ईश्वर से प्रार्थना की। प्रार्थना की कि उसको सफलता दे जिससे वह अपने अपाहिज पिता का इलाज करा सके। उसके छोटे भाई-बहन स्कूल जा सकें और उसका ये छोटा-सा घर स्वर्ग बन सके।

बहुत यत्न से सिरहाने के नीचे तह करके रखा हुआ उसने अपना सबसे अच्छा सूट निकाला, तैयार हुई। एक बार फिर ईश्वर की तस्वीर के सामने सिर नवाया और घर से बाहर कदम रखा।

कुछ कदम चली ही थी कि दो बिल्लियाँ आपस में लड़ती-गुर्राती उसके सामने से निकल गईं। जूही के कदम ठिठक गए। किसी अपशकुन के डर से नहीं बल्कि बिल्लियों के गुर्राने की आवाज के डर से। उसे लगा ये दोनों अभी उस पर झपट पड़ेंगी। उसके पैर काँप गए। दिल धक्क से रह गया। बिल्लियाँ थोड़ी दूर भाग गईं तो उसने चैन की साँस ली और चल पड़ी अपने गंतव्य की ओर।

बस्ती से बाहर निकलते ही सुमित गाड़ी लेकर खड़ा था।

'अच्छी लग रही हो।' सुमित ने गाड़ी का दरवाजा खोलते हुए कहा।

जूही मुस्करा दी और अन्दर आकर बैठ गई। गाड़ी शहर की सड़कों पर फर्राटे भरने लगी। कुछ देर बाद जूही को लगा कि वह शहर की भीड़-भाड़ छोड़ कहीं बाहर निकल रही है। घर-दफ्तर वाली इमारतें कहीं पीछे छूटती जा रही हैं। उसने कनखियों से सुमित की ओर देखा। वह प्रसन्न मन किसी फिल्मी गीत की पंक्तियाँ गुनगुना रहा था।

'थोड़ी दूर है यह ऑफिस।' सुमित ने मानो उसके मन की बात पढ़ ली।

थोड़ी देर बाद गाड़ी एक विशाल हरे-भरे कम्पाउंड में दाखिल हुई। यहाँ एक ही चाहरदीवारी के अन्दर कई सारे छोटे-छोटे भवन बने थे। जूही को कुछ अजीब सा लगा लेकिन उसने ऑफिस के नाम पर कुछ देखा था तो सिर्फ सुमित का ऑफिस।

सुमित उसे एक कमरे में ले आया, लेकिन ये कमरा तो ऑफिस जैसा न था, इतना तो जूही को भी लगा। कमरे में एक कोने पर दो कुर्सियाँ और मेज लगे थे और बीच में था एक बड़ा-सा बिस्तर।

घबराई हुई जूही को उसने कंधे से पकड़कर कुर्सी पर बिठा दिया और उसके बाद जो कुछ हुआ वह जूही के लिए एक दुःस्वप्न से कम नहीं था। लम्बा स्वप्न टूटा तो जूही की मुट्ठी में कुछ नोट बन्द थे और सुमित उससे कुछ कह रहा था। सुमित के कुछ शब्द उसके कानों में पड़ते कुछ नहीं। आज दिन में भी तो उसने उससे कुछ कहा था। दोनों बार कहे गए शब्द उसके दिमाग में गड्ड-मड्ड हो रहे थे। कौन से शब्दों पर भरोसा करे जूही।

'तुम मुझे बहुत अच्छी लगती हो। जिस दिन से तुम्हें देखा तुम्हारी मेहनत, तुम्हारी सच्चाई मुझे बहुत अच्छी लगी। अपने घर के लिए अपने परिवार के लिए कुछ करने का जज्बा मुझे अच्छा लगा।'

निष्प्राण-सी जूही उसकी बातें कुछ सुन पा रही थी कुछ नहीं। सोच रही थी जब ऐसा ही था तो ये घोर पाप क्यों किया उसने उसके साथ, जिसे अच्छा मानते हैं उसे गन्दा करते हैं क्या?

'तू बहुत सुन्दर लग रही थी आज। रोक नहीं पाया अपने आपको। जो सजा तू देना चाहे वो स्वीकार है मुझे।' और सुमित ने सिर झुका लिया।

कुछ देर कमरे में मौन पसरा रहा। सुमित का सिर अपने द्वारा किए गए अपराध से झुका था तो जूही का सिर अपने आप पर हुए अपराध के सन्ताप से।

'तू तैयार हो जा। इंटरव्यू के लिए चलना है अब।'

जूही बाथरूम में घुस गई। नल खोला और उसके बहने की आवाज में अपने मुँह को दबाती फूट-फूट कर रो पड़ी। देर तक वो नहाती रही। उसे लग रहा था कि पानी के साथ-साथ उसके तन पर लग आई गन्दगी भी बह रही है। नहाकर जब वो बाहर निकली तो सुमित कमरे में न था। थोड़ी देर में दरवाजा खुला लेकिन आगन्तुक सुमित न था।

और अब दो-तीन घंटे बाद सुमित का एक नया चेहरा, नया चरित्र लिये उसके सामने बैठा था।

'क्या कर सकती है तू बता? क्या हैसियत है तेरी? बहुत पढ़ी-लिखी है क्या? एम.ए. पास दर-दर की ठोकरें खा रहे हैं, और तू क्या है, सिर्फ हाई स्कूल पास। सपने देखती है बड़े-बड़े। पिताजी का इलाज कराएगी, भाई-बहनों को पढ़ाएगी? तो क्या आंटी के यहाँ से मिलनेवाले पन्द्रह सौ रुपल्ली से करेगी अपना सपना पूरा?'

'मुट्ठी खोल और देख कितने रुपए हैं तेरे हाथ में। ये तेरी एक दिन की कमाई है। हिसाब लगा एक दिन के इतने तो महीने के कितने कमा लेगी। सारे पाप धुल जाएँगे तेरे परिवार के। नहीं तो यूँ ही कीड़े-मकोड़ों की तरह गटर में सड़ जाएगी तू और तेरा परिवार।'

जूही को कुछ होश आया। कुछ देर पहले ही तो उसके हाथ में ये रुपए ठूँसे थे सुमित ने। तो क्या ये रुपए उसकी देह का मूल्य थे जिसे उसने स्वयं भी भोगा और दूसरे को भी...?

छिः! घृणा से उसे उबकाई आने को हुई लेकिन न जाने किस लालचवश रुपयों पर से उसकी पकड़ ढीली न हुई। सुमित को उसने आग्नेय नेत्रों से घूरा।

'ऐसे क्यों देख रही है? देख जज्बाती होकर कुछ नहीं मिलेगा। तू सुन्दर है, छोटी है अभी। बस एक यही तो योग्यता है तेरे पास। तो फायदा उठा न इसका। कर दे अपने परिवार की दरिद्रता दूर।'

'कितने पैसे होंगे ये?' जूही ने सोचा।

गोद में रखे अपने हाथ की मुट्ठी को थोड़ा-सा खोलकर कुल धनराशि जानने की उत्सुकता उसके मन में जगी। पाँच-पाँच सौ के नोट लग रहे थे। पिछले कितने ही महीनों से आंटी से पाँच-पाँच सौ के तीन नोट ले रही थी जूही। उसकी मोटाई का अन्दाजा था उसे। उसकी मुट्ठी में जकड़े नोटों की मोटाई उससे तो ज्यादा ही थी।

'कितने होंगे? दो हजार, ढाई हजार, हाँ शायद इतने ही। एक दिन में ढाई हजार तो एक महीने के कितने? ये गणना तो उसके

सपनों से कहीं आगे की थी। इतनी अधिक कि जिसका उसे कभी सपना भी न आया।

इतने रुपयों में पिता का ढंग से इलाज हो सकता है। माँ को घरों के झाड़ू-बरतन से मुक्ति मिल सकती है और उसके तीनों भाई-बहन स्कूल जा सकते हैं। उस गन्दी बस्ती के कचरे से निकल वह कहीं और पक्का घर भी किराए पर ले सकते हैं। एक इज्जत की जिन्दगी बसर कर सकती है जैसे साहब लोगों की होती है।

लेकिन उसकी स्वयं की इज्जत! उसका क्या? किसी न किसी दिन उसके माता-पिता, भाई-बहन को पता लगना ही है कि इतना पैसा कहाँ से आ रहा है। उस दिन उनकी नजरों का सामना कर पाएगी क्या वह? बता पाएगी उन्हें कि उन्हें गन्दगी के दलदल से निकालकर स्वयं किस कीचड़ में जा फँसी है वह।

जूही के चेहरे पर भाव आ-जा रहे थे। एक चतुर खिलाड़ी की भाँति सुमित इसके भाव पढ़ने की कोशिश कर रहा था। जूही के घर की स्थिति भी जानता था वो और जूही की मन:स्थिति भी। एक चतुर बहेलिए की भाँति जाल में आ फँसी चिड़िया को फड़फड़ाते देख रहा था। ऐसी न जाने कितनी चिड़ियाओं को अपने जाल में फँसाकर शान्त कर चुका था सुमित। फिर ये क्या चीज थी उसके सामने।

'ज्यादा मत सोच इस बारे में। बस अब तो यही सोच कि तेरे कारण तेरे परिवार की दशा सुधर रही है। कितना पुण्य का काम कर रही है तू अपने घर की पाँच जिन्दगियों को बचाकर।'

पुण्य! ये शब्द जूही को अच्छा लगा। पाप और पुण्य की परिभाषा क्या है यह तो वह भी अच्छी तरह से नहीं जानती थी लेकिन यह समझ में आया कि अपना सर्वस्व देकर वह पाँच जिन्दगियों को बचा रही है।

'तू तो ये काम मजबूरी में कर रही है लेकिन ये बड़े घरों की लड़कियाँ, वह तो अपने ऐशो-आराम के लिए करती हैं ऐसा। ऐसा करने का पाप तो उन्हें लगेगा तुझे नहीं। तेरे जैसी कई गरीब लड़कियाँ

ऐसे ही अपने माँ–बाप की सहायता कर रही हैं। निम्मो आंटी के यहाँ आनेवाली बहुत सी लड़कियाँ भी...।'

'निम्मो आंटी!' उनका नाम सुन जूही चौंकी। तो क्या वो भी इसमें शामिल हैं। कहीं उन्होंने ही तो सुनियोजित तरीके से उसे सुमित के जाल में नहीं फँसाया?

'लेकिन तू यह मत समझना आंटी ने ऐसा किया। वह तो जानती भी नहीं कि उसके यहाँ काम करनेवाली लड़कियाँ ऐसा भी करती हैं। बहुत कड़क औरत है वह किसी की मदद् के लिए हर समय मरने–मारने को तैयार रहती है।' सुमित ने आंटी की असलियत सामने रखी तो जूही को सन्तोष हुआ।

'चल, अब तुझे घर छोड़ दूँ।'

सुमित ने कहा तो यन्त्रवत् नोटों को मुट्ठी में दबाए जूही उठ खड़ी हुई।

'रैन बसेरा होटल एंड रेजॉर्ट'। बाहर निकलते ही उसकी निगाह वहाँ लगे बोर्ड पर पड़ी। होटल और रिजॉर्ट का मतलब ऑफिस तो बिल्कुल नहीं होता ये अब उसकी समझ में आया।

रास्ते भर सुमित की बातें और अपने स्वयं के विचार उसके मन में गड्ड–मड्ड होते रहे। कभी मुट्ठी में अब तक पसीजते नोटों का ध्यान आता तो कभी अपने घर की स्थिति का। वह ऐसा कर रही है क्या ऐसा उसके माता–पिता, भाई–बहनों को कभी पता न चलेगा। उसे लगा जैसे उन्हें सब कुछ पता चल गया है और सब–के–सब घृणा से उसकी ओर देख रहे हैं।

'मैंने तुझे अब तक कैसे बुरी नजरों से बचाए रखा यह मैं जानती हूँ लेकिन तूने! तूने ऐसा क्यों किया जूही?' माँ रो रही थी और भाई–बहन और पिता की आँखों में उसके लिए घृणा थी।

जूही चौंक उठी। खुली आँखों से देखा गया उसका स्वप्न कभी भी हकीकत में बदल सकता था।

'मुझे यहीं छोड़ दो। बाजार से कुछ खरीदना है।' बस्ती से कुछ दूर पहले ही वह सुमित की गाड़ी से उतर गई।

सुमित मुस्करा दिया एक क्रूर बहेलिये की भाँति।

'कल बस्ती के बाहर इंतजार करूँगा तेरा।' कहकर उसने गाड़ी आगे बढ़ा दी।

जूही कुछ देर वहीं खड़ी रही और फिर धीरे-धीरे अपनी बस्ती की ओर चल दी। मन में कई सवाल थे। एक मन कहता वो सुमित की बात मान ले और अपनी इस पाप की कमाई से अपने घरवालों, अपने प्रियजनों के लिए एक स्वर्ग खरीद ले।

लेकिन दूसरा मन इसे मानने को तैयार न होता। गरीब घर की होते हुए भी माता-पिता ने बचपन से जिन संस्कारों को उसकी पीठ पर लाद दिया था उनसे मुँह मोड़ने का साहस न होता।

जूही अपनी ही धुन में बढ़ी जा रही थी कि उसने एक आदमी के चिल्लाने की आवाज सुनी। वह एक अधबनी इमारत के सामने खड़ी थी। कई मजदूर वहाँ काम कर रहे थे। एक महिला मजदूर अपनी अधफटी धोती से किसी तरह अपनी इज्जत को ढाँप भूख से बिलखते बच्चे को दूध पिलाने उठी ही थी कि ठेकेदार का आदमी चिल्ला पड़ा।

'तनख्वाह पूरी चाहिए तुझे और काम धेले भर का नहीं। जब देखो तब इस बच्चे का बहाना लेकर कामचोरी। कभी उसे दूध पिलाना है तो कभी इसकी बीमारी का बहाना।'

वह आदमी क्रोध से उस मजदूरन पर चिल्ला भी रहा था और साथ ही अजीब से नेत्रों से उसके उघड़ आए तन को भी घूर रहा था।

उसकी नजरों को भाँप मजदूरन ने घृणा से उस ओर थूक दिया और जूही को आज दिन में जो कुछ भी हुआ उसकी याद दिला गया।

'साला, चोट्टा कहीं का।' मजदूरन ने उसे एक भद्दी गाली दी।

'इसको अपना सब कुछ दे दूँ तो बिना काम के तनख्वाह दे दे ये मुझे। इसके बस में न आई मैं तो इतनी मेहनत के बाद इस रोते से बालक को दूध भी नहीं पिलाने देता।' और उसने बच्चे को स्तन

से हटा फिर तसला उठा लिया।

यह सुनकर तो जूही की जैसे सारी दुविधा ही दूर हो गई। अनपढ़ मजदूरन, जिसका पति भी शायद यहीं कहीं मजदूरी कर रहा होगा। अपने साथ होनेवाले किसी अन्याय की शिकायत भी कहाँ करे वह बेचारी। लेकिन फिर भी अपना सम्मान बचाकर ठेकेदार की ज्यादतियाँ सहन कर रही है।

वह चाहती तो ठेकेदार की इच्छा पूरी कर आराम की जिन्दगी जी सकती थी। काम भी न करना पड़ता और बच्चे को भी ढंग से पाल पाती। लेकिन उसने यह रास्ता न चुना। समाज के अत्यन्त निचले व साधनहीन तबके से होते हुए भी अपना सम्मान बचाए हुए है। मजदूरी भी कर रही है तो सिर उठाकर। तो फिर वह ऐसा क्यों नहीं कर सकती?

वह तो दसवीं पास है। आंटी के यहाँ सम्मानजनक नौकरी भी कर रही है। सुमित ने इतना तो किया ही है कि उसे कम्प्यूटर पर उँगली चलाना तो सिखा ही दिया है। वह और मेहनत कर सकती है। कहीं टाइपिंग करेगी, कुछ भी करेगी लेकिन जो सुमित चाहता है वह हरगिज नहीं करेगी।

मन के सारे भ्रम दूर हो चुके थे। यों तो सन्ध्या का वक्त था लेकिन जूही के जीवन में नई सुबह के उजाले ने प्रवेश किया था। मुट्ठी में बन्द पैसे उसने उसी मजदूर औरत के हाथ में थमाए और तेजी से वहाँ से निकल पड़ी।

घर जाने की बजाय उसने निम्मो आंटी के घर की राह पकड़ी। उनके साथ पुलिस थाने जाकर सुमित को सबक भी तो सिखाना था ताकि वह किसी और जूही को कुचलने की, मसलने की हिम्मत न कर सके।

□□□